PRÉCIS
D'Histoire
Militaire
RÉVOLUTION ET EMPIRE

PAR

MAURICE DUMOLIN

ANCIEN OFFICIER D'ARTILLERIE

FASCICULE VI

CAMPAGNES DE 1798 ET DE 1799

Avec 16 croquis en couleurs

PARIS

MAISON ANDRIVEAU-GOUJON

HENRY BARRÈRE, ÉDITEUR

21, RUE DU BAC, 21

1904

CHAPITRE VII

CAMPAGNES DE 1798 ET DE 1799 [1]

I

CAMPAGNE DE 1798

§ 1. — LA POLITIQUE DU DIRECTOIRE

Comme Bonaparte l'avait prévu, le Directoire, grisé par ses victoires, se lança au lendemain de Campo-Formio dans une politique maladroite d'accaparement, qui, en inquiétant l'Autriche, l'Empire d'Allemagne et la Russie, allait faire avorter les négociations officielles entreprises à Rastadt (2) et renouer contre la France une formidable coalition.

Rome. — Dès le mois de décembre 1797, des troubles, fomentés par l'entourage du pape, avaient surgi à Rome. Le général Duphot, attaché à l'ambassade, avait été massacré (27 décembre), et l'ambassadeur Joseph Bonaparte avait dû quitter la

---

(1) Nous avons consulté pour cette campagne : les *Campagnes de la Révolution et de l'Empire;* Thiers, *Histoire de la Révolution;* Mathieu Dumas, *Précis des événements militaires, etc.,* t. I et II; Jomini, *Histoire des guerres de la Révolution;* les *Mémoires* de Gouvion Saint-Cyr, t. I; A. G., *Stratégie napoléonienne;* les *Souvenirs* de Macdonald; Koch, *Mémoires de Masséna,* t. III; Von Reinhold Gunther, *Der feldzug der division Lecourbe im 1799;* Milioutine, *Campagne de 1799;* X..., *Campagne des Austro-Russes en Italie;* Rustow; X..., *Le général Lecourbe d'après ses archives;* A. Rambaud, *Récits d'un soldat de Souvaroff* (*Vie contemporaine,* oct. et nov. 1893); E. Gachot, *Souvarow en Italie.*

(2) Des conférences plus importantes avaient lieu simultanément à Seltz, entre Cobenzl et François de Neuchâteau. On y marchanda l'acquiescement de l'Autriche aux envahissements du Directoire; on ne put s'entendre sur le prix. (Voir Sorel, V, 325 sqq.)

ville (1). Berthier, commandant les troupes restées en Italie, fut envoyé sous ses murs avec 12 000 hommes (10 février 1798). Une révolution éclata, la République fut proclamée (15 février) et Pie VI se retira à Pise. Mais la négligence du Directoire à l'égard de l'armée et la misère qui en était résultée provoquèrent bientôt chez les troupes de graves désordres, contre lesquels Berthier resta impuissant (2). On sépara l'armée de Rome (anciennes divisions Bernadotte et Joubert) de son commandement et on la donna à Masséna (23 février). Recevant l'héritage d'une situation difficile, en mauvais termes avec Berthier et détesté des anciens soldats de Bernadotte, celui-ci vit éclater dès le lendemain de son arrivée une sédition militaire (24 février) provoquée par les officiers subalternes (3). Il dut s'éloigner et Berthier remit provisoirement le commandement à Dallemagne. Après une vaine tentative de retour (13 mars), Masséna renonça à lutter et fut envoyé à Antibes, où on allait l'oublier six mois. Son successeur, Gouvion-Saint-Cyr (26 mars), parvint, par sa fermeté, à rétablir l'ordre, mais, jugé trop honnête par le Directoire, il fut bientôt remplacé par Championnet (4).

Vers la même époque, l'occasion se présenta d'intervenir en Suisse.

La Suisse. — En 1789, la Suisse comptait 13 cantons : Berne, Bâle, Zürich, Schaffouse, Soleure, Fribourg, Lucerne, Uri, Schwitz, Underwald, Glaris, Zug et Appenzell. Le pays de Vaud dépendait de Berne et de Fribourg. Le gouvernement était aristocratique dans les sept premiers, démocratique dans les six autres. La Suisse avait pour alliés la République de Genève, l'évêque de Sion, la République du Valais, les principautés

---

(1) Cf. Gachot, *Hist. de Masséna*, I, p. 323.

(2) Voir les *Mémoires* de Roguet, II, 19, sqq.

(3) D'après M. Gachot (314, 318, 327 sqq), la jalousie de Berthier et peut-être celle de Bonaparte auraient eu une grande part dans l'accueil fait à Rome à Masséna et dans la disgrâce qui en fut la suite. Koch (III, 26 sqq.) explique la chose par l'intransigeance de Masséna et la maladresse de Berthier. Gouvion-Saint-Cyr (I, 35) semble donner la note juste en rendant le Directoire responsable de tout.

(4) Gouvion-Saint-Cyr, *Mém.*, I, 87 sqq.; Botta, *Hist. d'Italie*, III, 142.

de Neuchâtel et de Vallengin dont le roi de Prusse était souverain, la ville libre de Mulhouse enclavée dans l'Alsace, l'abbé de Saint-Gall, enfin la confédération des Grisons divisée en trois « ligues », Ligue Grise, Ligue Cadée et Ligue des Dix-Droitures. Cette dernière confédération possédait la Valteline, les comtés de Bormio et de Chiavenna et les bailliages italiens de la vallée du Tessin. — En 1798, le territoire de Genève et tout le pays jusqu'au lac de Neuchâtel et à la Birse étaient déjà réunis à la France (1).

Dans les premiers jours de janvier 1798. le canton de Vaud, soumis, comme on l'a dit, aux cantons de Berne et de Fribourg, tenta de secouer leur autorité et sollicita l'appui du gouvernement français. Répondant avec empressement à ces ouvertures, celui-ci fit avancer la division Ménard, de l'armée d'Italie, près de la frontière suisse. Le 28 janvier celle-ci occupa Lausanne. Ménard fut bientôt envoyé en Italie et remplacé par Brune, qu'on renforça de la division Schauenbourg, arrivant de Porrentruy (février). Le 2 mars, cette dernière s'empara de Soleure, tandis que Brune emportait Fribourg. La brigade Rampon marcha alors par Morat sur Gümminen et Laupen, la brigade Pigeon sur Neuenegg. Le 5 mars, le passage de la Sene fut forcé en ce point après une action très vive qui coûta aux Suisses 3 000 hommes et 20 pièces. Le même jour, Schauenbourg culbuta l'ennemi à Fraubrunnen et à Altmerkingen et entra à Berne, où Brune le rejoignit le 6.

Le Directoire voulut imposer à la Suisse une nouvelle constitution sur le modèle de celle de la France. Six cantons s'y refusèrent et Schauenbourg, qui avait succédé à Brune envoyé en Lombardie (2), dut occuper Zurich (après un engagement à Mellingen), puis Zug et enfin Lucerne (30 avril). Les troubles n'en continuèrent pas moins toute l'année. En mai, le Valais fut soumis par la prise et le pillage de Sion ; en septembre, le canton de Schwyz fut pacifié après un combat sérieux à Morgar-

---

(1) Voir le croquis n° 69.
(2) Il allait y remplacer Berthier (5 avril), nommé chef d'état-major de Bonaparte pour l'expédition d'Angleterre.

ten. Mais des forces importantes durent être immobilisées sur divers points de la Suisse pour garder le pays.

Le Piémont. — L'Angleterre, qui, peu avant la signature du traité de Campo-Formio, avait rompu un semblant de négociations entamé à Lille, continuait les hostilités et le Directoire avait fait d'immenses préparatifs sur les côtes de Normandie et de Bretagne en vue d'une expédition confiée à Bonaparte. Sur tout le littoral les marins des deux pays entretenaient la lutte et 2 000 Anglais débarqués près d'Ostende furent même jetés à la mer par un faible corps de 500 hommes sorti de la place (20 mai). Mais dans le courant d'avril le Directoire, à qui l'objectif importait peu pourvu que le conquérant de l'Italie fût écarté, renonça à l'expédition contre Londres, pour adopter, sur la proposition de Bonaparte, le projet d'une vaste tentative contre l'Égypte. C'était une énorme dépense inutile et une faute militaire capitale. On la prépara en grand secret à Toulon et, le 19 mai, Bonaparte mit à la voile avec 100 vaisseaux de guerre et 400 bâtiments de transport portant 36 000 hommes des meilleures troupes de la République (divisions Kléber, Desaix, Menou, Bon, Dugua et Reynier).

Son éloignement enhardit les souverains vaincus par lui, qui n'avaient que trop de griefs à invoquer. Charles-Emmanuel, successeur de Victor-Amédée de Savoie, crut le moment venu d'abandonner la politique prudente de son père; il s'entendit avec la Russie et le royaume de Naples et prépara ses armements. Le Directoire ne lui laissa même pas le temps de se déclarer ouvertement. Joubert, qui avait succédé à Brune (1) dans le commandement des troupes françaises de Lombardie, reçut l'ordre d'envahir le Piémont avec les divisions Victor et Dessoles, fit occuper Suse, Coni, Alexandrie, Novare et entra le 9 décembre à Turin. Charles-Emmanuel dut renoncer au Piémont et, avant de gagner la Sardaigne, se retira à Florence. — A la même époque, le général Sérurier prit possession de la république de Lucques et y installa un gouvernement directorial.

(1) Brune s'était beaucoup plus occupé de politique que de projets militaires. Sur son rôle, voir les *Mémoires* de ROGUET, II, 42 sqq.

Cette politique d'empiétements était évidemment une source de profits sérieux, mais ne devait pas tarder à exaspérer l'Europe (1). En même temps des événements plus graves encore avaient lieu dans l'Italie méridionale.

§ 2. — L'EXPÉDITION DE NAPLES

L'offensive napolitaine. — Comme celle de Turin, la cour de Naples avait cru l'instant propice pour conjurer une invasion qu'elle sentait imminente, en prenant elle-même l'offensive. La nouvelle de la défaite d'Aboukir la décida à jeter le masque (2). Elle accueillit les Anglais dans ses ports, reçut des subsides de Londres et organisa une armée de 70 000 hommes, dont 10 000 occupèrent les places. Le général Mack fut envoyé de Vienne pour la commander. Championnet, qui venait d'arriver à Rome (novembre 1798), disposait à peine de 15 à 20 000 hommes (3), dispersés de Terracine à Ancône pour garder la frontière et couvrir les routes de Livourne, Sienne et Fano, ses trois lignes de retraite (4).

Au lieu de profiter du rentrant prononcé que formait dans les États romains la frontière napolitaine, pour déboucher avec la masse principale de ses forces de Citta-Ducale sur Terni, droit sur nos communications, et se rabattre par Borghetto sur les routes de Viterbe et de Civita-Vecchia, Mack attaqua de front, le 24 novembre, en six colonnes. La droite (Micheroux, 15 000 hommes, 24 pièces) s'avança de Pescara sur Ascoli, le centre (Filippi, 9 000 hommes, 8 pièces) d'Aquila sur Rieti; une colonne intermédiaire, suivant la crête de l'Apennin, les reliait. La gauche (corps principal, 36 000 hommes) déboucha directement de Capoue sur Frosinone et Rome en deux colonnes. Enfin la flotte anglaise dut débarquer près de Livourne un dernier corps de 7 000 hommes sur les derrières des Français.

(1) Voir les *Mémoires* de Soult, I, 361 et sqq., et surtout Sorel, V, 345 sqq.
(2) Voir le récit de Napoléon, *Précis des événements militaires de l'année 1798*, Correspondance, XXX, p. 236 sqq.
(3) Roguet dit même 12 000 (II, 67). L'empereur se trompe en disant 25 à 26 000.
(4) Voir le croquis n° 70.

« La conduite du général Mack, a dit Napoléon (1), aurait été bonne avec des troupes autrichiennes ; car que pouvait-il faire de mieux que de mettre ses soldats aux mains avec les soldats français, lorsqu'ils étaient au nombre de deux ou trois contre un? Mais les Napolitains n'étaient pas des troupes exercées ; il n'eût jamais dû les employer à des attaques, mais faire *une guerre de position qui obligeât les Français à attaquer.* Les militaires sont fort partagés sur la question, s'il y a plus d'avantage à faire ou à recevoir une attaque. Cette question n'est pas douteuse lorsque d'un côté sont des troupes aguerries, manœuvrières, ayant peu d'artillerie, et que de l'autre est une armée beaucoup plus nombreuse, ayant à sa suite beaucoup d'artillerie, mais dont les officiers et les soldats sont peu aguerris. » En devançant Championnet à Civita-Castellana et s'y fortifiant, Mack l'obligeait à attaquer pour s'ouvrir une retraite. Il choisit le rôle inverse.

Le général français prit son parti habilement. La division Casabianca (5 000 hommes), formant sa gauche, dut se concentrer en arrière d'Ascoli et arrêter la colonne venant de Pescara ; sa droite (Macdonald, 6 000 hommes) dut évacuer Rome en laissant une faible garnison dans le château Saint-Ange et prendre position à Borghetto et Civita-Castellana, couvrant les routes de Sienne et de Fano ; le centre (Lemoine, 6 000 hommes) resta à Rieti ; la réserve (Rey, 3 000 hommes) prit position avec Championnet à Terni. Il attendit, ainsi placé, l'attaque des Napolitains.

La droite de l'ennemi fut battue par Casabianca à Fermo (30 novembre) et rejetée au delà du Tronto ; le centre fut repoussé de Terni par Lemoine, qui n'avait encore que 3 000 hommes sous la main. La gauche, après une entrée triomphale à Rome (29 novembre), vint attaquer, le 5 décembre, sur cinq colonnes, les positions de Macdonald sur les deux rives du Tibre, le gros de l'ennemi opérant par la rive droite pour nous couper de Sienne. Mais au premier choc les 9 000 hommes de

(1) *Corresp.*, t. XXX, 245.

la division du chevalier de Saxe, chargés de replier nos avant-gardes, furent culbutés à Vignanello et Santa-Maria-di-Falori par Kniazewicz, à Nepi par Kellermann et à Rignano par Lahure, et se retirèrent sur la réserve, restée à Bracciano, avec une perte de 3 000 hommes.

Renonçant à une nouvelle attaque de ce côté, Mack repassa le Tibre et vint camper à Cantalupo, pour appuyer la division Metsch dirigée par la rive gauche du fleuve pour prendre Macdonald à revers. Le 11 décembre cette division, repoussée de Magliano, se rabattit sur Otricoli, dont elle s'empara, interceptant les communications entre Macdonald et Championnet. Mais le 14, le premier, repassant le Tibre, l'en délogeait après un brillant engagement, et s'emparait le lendemain de Calvi. Poursuivant son succès, Macdonald laissa la brigade Kellermann à Borghetto et se porta le 15 sur Cantalupo, tandis que Rey y marchait de Terni et Lemoine de Rieti. Mack, qui avait reçu la nouvelle de la prise de Civitella-del-Tronto par Casabianca, ne les attendit pas et se replia à marches forcées sur Rome, qu'il traversa sans s'y arrêter : il avait perdu 15 000 hommes, 40 pièces et tous ses équipages.

L'avant-garde de Championnet rentra à Rome le 15 décembre au soir, par la rive gauche du Tibre, au moment où la colonne débarquée près de Livourne s'y présentait par la rive droite. Rejetée sur Viterbe par la cavalerie de Rey, poursuivie par Kellermann débouchant de Borghetto et rejointe par lui à Montalto-di-Castro, cette colonne, abandonnant son artillerie, reflua en désordre sur Orbitello, où une faible partie put seule se rembarquer.

L'offensive française. — Championnet se prépara aussitôt à envahir le royaume de Naples et s'ébranla le 20 décembre. Commettant à son tour la même faute que Mack, il divisa ses forces en quatre colonnes, séparées par des montagnes et des populations hostiles (1) : Rey marcha sur Terracine, Macdonald sur Frosinone et San Germano, Lemoine sur Aquila et Pipolo,

---

(1) *2e observation de Napoléon, Corresp.*, XXX, 244.

Duhesme (remplaçant Casabianca) sur Pescara. La désorganisation de l'armée napolitaine était telle que les différentes colonnes culbutèrent facilement les faibles arrière-gardes laissées devant elles, à Ceprano (27), à Fondi (30) et à Itri (31 décembre). Le 24, Duhesme s'était emparé de Pescara et avait fait sa jonction à Pipolo avec Lemoine ; les deux généraux reçurent l'ordre de se rabattre sur Capoue, devant laquelle Macdonald venait d'arriver.

Mais le pays tout entier s'insurgea soudain sur les derrières de l'armée française, coupant toutes ses communications avec Rome. Si Lemoine arriva à Venafro sans trop de peine, Duhesme dut soutenir dans les montagnes une lutte terrible contre les paysans, qui massacrèrent les isolés avec des raffinements odieux. Au moment où Championnet se voyait entouré de tous côtés par les révoltés, Mack, qui avait été rejeté dans Capoue le 3 janvier 1799, lui envoya des parlementaires qui sollicitèrent un armistice. Capoue fut livrée (11 janvier) et le roi de Naples s'engagea à payer 10 millions à la France. Le 15 janvier, Duhesme rejoignit son chef après avoir écrasé les insurgés à Isernia ; Macdonald, mécontent, fut remplacé par Dufresse.

Sur ces entrefaites, les Lazaroni se révoltèrent à Naples contre le gouvernement et les généraux, et Mack dut chercher un abri dans nos rangs. Les Lazaroni ayant attaqué nos avant-postes, Championnet dénonça l'armistice, attaqua Naples avec toutes ses forces (24 janvier) et, après un combat de rues très meurtrier qui nous coûta plus de 600 hommes contre 4 000 à l'ennemi, s'empara de la ville. Il y organisa un gouvernement démocratique sous le nom de République Parthénopéenne. Mais l'autorité avec laquelle il châtia les déprédations des Commissaires civils le fit entrer en conflit avec le Directoire, qui ordonna son arrestation et le remplaça par Macdonald (5 mars) (1).

Notre séjour à Naples ne devait plus être de longue durée.

---

(1) Cf. GACHOT, *Souvarow*, p. 214.

§ 3. — LA LOI DE LA CONSCRIPTION

L'œuvre militaire du Directoire se borna à peu près à la régularisation du système des levées par la loi du 19 fructidor an VI (5 septembre 1798), dite *Loi de la conscription*, qui consacra définitivement l'obligation du service militaire personnel.

Les volontaires de 1792 et les réquisitionnaires de 1793 avaient été gardés sous les drapeaux jusqu'en 1797 ; mais, à la paix, un grand nombre était retourné dans ses foyers sans congé. On n'osait se montrer sévère envers ces hommes qui avaient souffert pendant cinq ans pour la République et l'avaient fait triompher. Il fallait toutefois remplir les cadres. La loi du 23 août 1793, qui mettait les Français en réquisition permanente (1), offrait un moyen commode ; mais elle ne limitait pas la durée du service et présentait le caractère d'une loi d'exception. Le Directoire, qui n'avait jamais osé l'appliquer (2), jugea indispensable de la remanier pour établir un mode de recrutement permanent et régulier, limitant le temps de service et permettant au gouvernement de libérer les vieux soldats en les remplaçant par de nouveaux combattants. Jourdan, membre des Cinq-Cents, demanda que tout Français qui aurait atteint sa dix-huitième année fût tenu de défendre la patrie jusqu'à ce qu'il eût accompli sa vingt et unième année en temps de paix et sa vingt-quatrième en temps de guerre. Pendant cette période il pouvait être astreint à un service personnel dans les troupes de la République. La commission des Cinq-Cents, dont Jourdan était rapporteur, proposa donc d'organiser : 1° une *armée active*, recrutée par engagements volontaires ; 2° une *armée auxiliaire*, formée par la voie de la conscription.

Ce projet fut l'objet de vives critiques au sein de l'Assemblée ; on trouva notamment qu'à l'âge de dix-huit ans on ne pouvait faire un bon soldat et qu'il n'y avait pas lieu de créer deux armées parallèles, les engagements volontaires devant être notoirement insuffisants. La loi du 19 fructidor an VI

---

(1) Voir chap. II, p. 155.
(2) Voir chap. V, p. 33?, n. 2.

(5 septembre 1798), rendue à la suite de la discussion, consacra, sous le nom de *conscription*, l'obligation du service personnel pour compléter l'armée à l'effectif voulu, au cas où les engagements volontaires sans prime et les rengagements avec haute paye ne suffiraient pas. Les principaux articles de cette loi importante étaient les suivants :

Titre I. **Principes.** — 1. Tout Français est soldat et se doit à la défense de la Patrie. — 2. Lorsque la Patrie est déclarée en danger, tous les Français sont appelés à sa défense.... *Ne sont même pas dispensés ceux qui auraient déjà obtenu des congés.* — 3. Hors le cas du danger de la Patrie, l'armée de terre se forme par enrôlements volontaires et par la voie de la conscription militaire. — 4. Le Corps législatif fixe par une loi particulière le nombre des défenseurs conscrits qui doivent être mis en activité de service. — 5. Ce nombre se règle par la connaissance de l'incomplet de l'armée et du nombre des enrôlés volontaires non encore présents aux drapeaux.

Titre II. **Des enrôlements volontaires.** — 6. Les Français qui, depuis l'âge de dix-huit ans accomplis, jusqu'à ce qu'ils aient trente ans révolus, désirent s'enrôler volontairement pour servir dans l'armée de terre, se font inscrire sur un registre particulier tenu à cet effet par les administrations municipales, qui dressent procès-verbal de cette inscription... — 8. Les enrôlés ne reçoivent aucune somme à titre d'engagement et sont tenus de servir en temps de paix *quatre ans* et, de plus, en temps de guerre, jusqu'au moment où les circonstances permettent de délivrer des congés absolus... — 12. Après quatre ans de service accomplis, les défenseurs peuvent contracter des enrôlements volontaires de *deux années*, qui peuvent être renouvelés jusqu'au moment où, d'après les lois, ils obtiendront leur retraite... — 14. Les défenseurs continuant leur service conformément à l'article 12 recevront une haute paye d'un franc par mois pendant les quatre premières années, deux francs pendant les quatre suivantes, trois francs pendant le temps qu'ils continueront à servir ensuite.

Titre III. **De la conscription militaire.** — 15. La conscription militaire comprend tous les Français depuis l'âge de *vingt ans* accomplis jusqu'à celui de *vingt-cinq ans* révolus. — 16. Ne sont pas compris dans la conscription militaire : 1° les Français appartenant à l'armée ; 2° ceux mariés avant le 23 nivôse an VII (12 janvier 1799) ; 3° les veufs avec enfants ; 4° les officiers ou sous-officiers renvoyés comme surnuméraires, qui restent dans l'obligation de rejoindre ; 5° ceux porteurs de congés absolus ; 6° les inscrits maritimes. — 17. Les défenseurs inscrits sont divisés en 5 classes ; chaque classe ne comprend que les inscrits d'une même année. *La 1re classe se compose des Français qui, au 1er vendémiaire* (22 septembre, commencement de l'année républicaine) *ont terminé leur 20e année* (1) ; la 2e, ceux qui ont terminé leur 21e année... ; la 5e, ceux qui ont terminé leur 25e année... — 19. Les défenseurs conscrits de toutes les classes sont attachés aux divers corps de toutes les armes qui composent l'armée de terre ; ils y sont nominativement enrôlés *et ne peuvent pas se faire remplacer*. — 20. D'après la loi qui fixe le nombre des défenseurs conscrits qui doivent être mis en activité de service, *les moins âgés dans chaque classe sont toujours les premiers appelés* pour rejoindre leurs drapeaux. Ceux de la 2e classe ne sont appelés au corps que quand ceux de la 1re sont tous en activité de service ; ainsi de suite, classe par classe. — 21. Il est délivré à ceux de la 5e classe non en activité de service des congés absolus dans le courant de vendémiaire qui suit l'époque à laquelle ils ont terminé leur 25e année ; ceux qui sont en activité de service reçoivent, en temps de paix, leurs congés absolus à la même époque ; ils sont, en temps de guerre, soumis aux lois de circonstance rendues sur les congés.

Le Titre IV fixait le **mode d'exécution** : établissement *des listes* de recrutement dévolu aux maires ; centralisation par

---

(1) Ainsi, au 1er vendémiaire an VII (23 septembre 1798), la 1re classe que la présente loi permet d'appeler, dite *classe de l'an VII* (ou de 1799, les deux années coïncidant pendant 9 mois), est celle des jeunes gens, qui, dans le cours de l'an VI (23 sept. 1797-22 sept. 1798) ont *terminé* leur 20e année ; la 2e classe est celle de l'an VI, etc. La 1re classe est donc enrôlable *l'année dont elle porte la date*. (Dernière phrase sans modification.)

préfecture des listes communales, puis classement général opéré au ministère de la Guerre; réception des conscrits par des capitaines envoyés par les corps dans leurs circonscriptions de recrutement; création dans chaque division militaire d'un *Conseil de recrutement*, uniquement chargé de prononcer sur les cas d'exemptions, etc.; le Titre V les **Dispositions générales** : privation de tous les droits civils pour les insoumis; obligation d'avoir servi trois ans pour passer officier, etc.

En somme, le texte de cette loi, éminemment élastique, permettait non seulement de garder indéfiniment sous les drapeaux, en temps de guerre, les conscrits en activité, mais donnait la faculté de revenir sur les classes antérieures et d'appeler des hommes qui, ne l'ayant pas été quand leur classe se trouvait la 1re ou la 2e, pouvaient se croire pratiquement libérés et avoir repris la vie civile. Il risquait de porter ainsi une grave atteinte au commerce, à l'industrie, à l'agriculture, à toutes les branches de l'activité sociale de la nation, en leur enlevant à la fois, à l'improviste et pour des années, leurs sujets les plus vigoureux. S'il mettait à la disposition de l'État des ressources énormes de conscrits, il ne donnait donc pas à ceux-ci des garanties suffisantes contre les empiétements des pouvoirs publics. Par contre, en laissant aux maires l'établissement des listes, en chargeant de la réception des hommes de simples capitaines sans autorité, en restreignant à presque rien les attributions du Conseil de recrutement, en n'édictant que des mesures de répression insuffisantes, il rendait presque illusoire l'action de l'État contre l'insoumission et ouvrait la porte à tous les abus (1). On s'en aperçut de suite. Le 21 septembre 1798 (dernier jour complémentaire de l'an VI), on décréta la levée de 200 000 hommes de la 1re classe (classe de l'an VII), qui comprenait 208 233 jeunes gens inscrits. On n'en vit paraître dans les régiments que 96 600 (2). Pour

---

(1) Voir sur le fonctionnement du recrutement en 1804 (le remplacement a été rétabli dans l'intervalle) les observations du général de Billy (lieutenant Loittin, *Le général De Billy*, p. 164).

(2) Sur les difficultés de la levée, cf. Gachot, *Souvarow*, p. 30, n.

compléter cette levée, on appela, le 17 avril 1799, 150 000 nouveaux conscrits des 1re, 2e et 3e classes (an VII, VI et V); on n'en trouva que 82 000. Alors, le 28 juin 1799, un décret appela sans distinction sous les drapeaux *tous* les conscrits des cinq classes disponibles (de l'an VII à l'an III) restés dans leurs foyers. Le déchet fut encore énorme. Le 9 septembre suivant, sous le ministère de Bernadotte, une nouvelle loi fixa l'effectif de paix permanent de l'armée de terre à 566 500 hommes. — La loi de la conscription était avant tout une loi d'*offensive* et de *conquête*, qui ne pouvait être appliquée que par un gouvernement vigoureux et fort ; maintenant que le péril de la nation n'était plus imminent, elle lésait trop d'intérêts, elle était trop contraire aux anciens errements pour ne pas mettre des années à s'acclimater, surtout dans la population rurale et bourgeoise jusque-là exempte du service. L'effroyable abus que Napoléon allait en faire devait laisser le pays, au jour des revers, incapable de l'effort libérateur que les méthodes décriées de l'ancien régime lui avaient permis lors de l'invasion (1).

Cette même année (1798), l'avancement à l'élection disparut pour les officiers et fut remplacé par l'avancement *au choix* du gouvernement. — En 1797, les canons de bataillon avaient été supprimés, comme ne produisant qu'un effet insuffisant, augmentant les préoccupations des chefs de demi-brigades et habituant l'infanterie à ne plus vouloir se séparer de ses pièces (2). — Enfin on créa (19 septembre 1798) les *dépôts* de demi-brigades d'infanterie. A partir de ce moment, la plupart d'entre elles ne comportèrent plus que *deux bataillons actifs*. Le troisième, dont les cadres seuls furent au complet, servit chaque année à l'instruction du contingent, qui était ensuite envoyé compléter les vides des bataillons actifs. C'était la conséquence nécessaire de la nouvelle loi de recrutement. — En diminuant l'effectif des divisions, cette organisation augmen-

---

(1) Voir lieutenant-colonel CLERC, *Baylen*, 296 sqq.
(2) Dès 1792, à l'armée des Pyrénées, l'artillerie régimentaire avait été réunie au parc pour renforcer l'artillerie de ligne; Bonaparte avait fait de même en 1796 (Voir commandant ROUQUENOL, *L'artillerie au début des guerres de la Révolution*).

tait beaucoup la proportion d'artillerie, le nombre des batteries divisionnaires (deux) restant le même (1).

Ces importantes mesures, conséquences forcées des modifications de l'esprit révolutionnaire et des nécessités de la lutte entreprise, complétaient l'œuvre militaire de la Convention.

II

CAMPAGNE DE 1799. — LES CAMPAGNES DE SUISSE ET D'ALLEMAGNE

§ 1. — LA DEUXIÈME COALITION. — LES FORCES. — LES PLANS.

La coalition. — L'Autriche n'avait considéré la paix de Campo-Formio que comme une trêve, dont elle avait profité pour se réorganiser et porter son armée à plus de 350 000 hommes. Les intrigues de l'Angleterre, les promesses de la Russie, surtout les envahissements aussi maladroits qu'odieux du Directoire la jetèrent bientôt dans une nouvelle coalition, à laquelle se joignirent la Sicile et la Turquie. L'éloignement de Bonaparte entrait pour beaucoup dans l'espérance qu'avait le cabinet de Vienne de reconquérir l'Italie : c'était de ce côté qu'il voulait tenter le principal effort. Les relations avec la France se trouvèrent rompues dès le mois d'avril 1798 à la suite de manifestations hostiles de la population viennoise (2), et des deux côtés on se prépara à la guerre, tout en continuant, pour gagner du temps, à laisser agir la diplomatie : l'Autriche, parce qu'elle n'était pas prête et voulait permettre aux armées russes d'entrer en ligne; la France, parce qu'elle avait tout à redouter d'une nouvelle conflagration générale.

Le champ de bataille qu'on allait se disputer était immense : il s'étendait du golfe de Tarente au Zuyderzée. Le plan de la

---

(1) Cette même année, un deuxième bataillon de pontonniers fut créé, ainsi que de nombreuses *légions* auxiliaires tirées des républiques alliées.

(2) Au dire de Soult (I, 376 en note), ces manifestations avaient été provoquées par les ordres du Directoire qui cherchait un prétexte à une rupture. Voir la note exacte dans Sorel, V, 307, et dans Gachot, p. 39.

coalition consistait : à nous contenir sur le Rhin, de Bâle à Düsseldorf ; à nous chasser de la Lombardie et du Piémont, par suite de Rome et de Naples, enfin à faire tomber le bastion avancé que formait la Suisse en l'attaquant de front et en le tournant par la vallée du Pô. En conséquence, elle avait réparti ses forces en trois grandes masses.

L'archiduc Charles, avec 78 000 hommes, se concentrait derrière le Lech et devait opérer sur le Rhin.

Bellegarde, avec 45 000 hommes, gardait le Tyrol, ayant à sa droite Hotze (25 000 hommes) dans le Vorarlberg, le reliant à l'archiduc.

Mélas, avec 85 000 hommes, se concentrait en Vénétie et était chargé d'envahir l'Italie. Il devait être renforcé par 40 000 Russes, amenés par Souwaroff, tandis que 30 000 autres, sous Korsakoff, iraient soutenir Hotze.

Enfin deux armées anglo-russes devaient attaquer aux extrémités du théâtre de la guerre, l'une les îles Ioniennes et Naples, l'autre la République Batave.

Ce plan était vicieux en ce qu'il négligeait la ligne d'opérations la plus directe et la plus dangereuse pour nous, celle de la vallée du Danube, et portait le principal effort, d'une part en Italie où nous ne perdions que des conquêtes, d'autre part en Suisse, où le pays favorisait grandement la défensive. Il disséminait les forces et n'avait chance de réussir que par l'écrasante supériorité numérique des alliés et l'état de faiblesse de notre gouvernement.

La France. — A ces 300 000 ennemis, le Directoire, en effet, pouvait à peine opposer 180 000 hommes (1). Le Trésor était vide (2), l'expédition d'Égypte avait épuisé les arsenaux et privé le pays de ses meilleures troupes, les approvisionnements des places de guerre avaient été vendus pour faire de l'argent, les royalistes s'agitaient dans l'Ouest, des bandes de « chauffeurs »

---

(1) D'après l'organisation dite *de l'an V*, l'infanterie (100 demi-brigades de bataille, 26 légères) devait compter 287 000 hommes : elle en comptait 130 000 ; la cavalerie (76 régiments) avait 30 000 hommes au lieu de 63 000 ; l'artillerie, 16 000 hommes au lieu de 24 000 (Koch, III, 53).

(2) Quinze cent millions avaient été engloutis en trois ans.

désolaient le Midi, enfin, ce qui inquiétait surtout les Directeurs, les partis politiques étaient plus menaçants que jamais et les élections prochaines pouvaient être fatales au gouvernement. Une levée de 200 000 conscrits, votée le 24 septembre 1798 conformément à la nouvelle loi, et de nouveaux impôts mirent le Directoire à peu près en état de soutenir la lutte, mais n'augmentèrent pas sa popularité. Les demi-brigades furent portées de 1800 à 2031 hommes ; on en créa 16 nouvelles (16 octobre), puis (25 novembre) 104 bataillons dits *auxiliaires*. Les demi-brigades actives durent être refondues à deux bataillons, les cadres du troisième étant envoyés dans les dépôts. D'ailleurs le gouvernement, préoccupé surtout des dangers politiques (1) et voulant conserver à l'intérieur des forces suffisantes pour rester maître de la situation, n'envoya que peu d'hommes aux frontières et répartit ainsi ses troupes :

Brune, avec 10 000 hommes, dut soutenir l'armée batave ;

Jourdan, nommé en remplacement de Joubert, organisa 37 000 hommes à Strasbourg et Mayence (armée du Danube), et Bernadotte 10 000 (30 000 sur le papier) à Landau (armée d'Observation du Rhin) pour faire face aux forces autrichiennes de Bavière ;

Masséna, remplaçant Schauenbourg, dut défendre la Suisse avec 30 000 hommes, Schérer l'Italie avec 45 000, Macdonald le royaume de Naples avec 30 000.

Jourdan reçut le commandement supérieur des armées du Danube, d'Observation et d'Helvétie (2).

Les avantages qu'on pouvait retirer de la possession du bastion avancé formé par la Suisse, comme point de départ d'une guerre offensive, avaient frappé les Directeurs, sans qu'ils en comprissent l'emploi. Ils avaient d'abord songé à une vaste offensive combinée des trois armées du Danube, d'Italie et d'Helvétie, celle-ci formant liaison et occupant les têtes des

---

(1) Lettre de Millet-Murreau, ministre de la Guerre, à Jourdan, citée par JOMINI, XI, 90. Millet-Murreau avait remplacé, au commencement de mars 1799, Schérer, nommé au commandement de l'armée d'Italie.

(2) Masséna menaça d'abord de donner sa démission, puis se soumit.

vallées du Tyrol par lesquelles les deux autres pouvaient être tournées. Puis ils y avaient momentanément renoncé pour adopter des vues plus modestes. Devant le dénûment et la faiblesse des armées, on avait compris que la défensive s'imposait, du moins pour quelque temps, et Schérer avait présenté un rapport en ce sens (1), proposant deux solutions : soit de laisser les armées sur leurs emplacements actuels, le Rhin, les Alpes de Suisse et l'Adige, soit de leur faire faire un mouvement en avant, quitte à les ramener ensuite sur leurs positions naturelles de défense. La seconde avait avant tout l'avantage de décharger de suite le Trésor de l'entretien des armées en les portant en territoire ennemi, mais elle exigeait, pour être exécutée à temps, que le Directoire prît l'initiative de la rupture avec l'Autriche. Ce fut celle qu'il adopta. Le plan d'opérations du 15 février prescrivait : à Jourdan, de se porter vers les sources du Danube et du Neckar dès la première nouvelle du passage du Lech par les Autrichiens et de prendre position en avant de Villingen ; à Bernadotte, débouchant par Mannheim, d'occuper Heidelberg et d'assiéger Philipsbourg ; à Masséna, d'envahir les Grisons, en bornant là son offensive ; à Schérer, de garder ses positions de l'Adige, mais de pousser une forte division de la Valteline sur Glürns pour faciliter l'opération de Masséna. Mais, la saison empêchant les armées d'Italie et d'Helvétie d'agir avant quelque temps et le passage du Lech par les Autrichiens pouvant être immédiat, Jourdan était autorisé dans ce dernier cas à appeler à lui par Schaffouse une partie des forces de Masséna pour faciliter son mouvement sur Villingen. En somme, toute la stratégie du Directoire consistait à profiter du premier acte d'hostilité commis par l'adversaire pour porter ses armées en territoire neutre ou ennemi, de manière à les rendre « moins onéreuses » (2). Les prévisions n'allaient pas plus loin ; une fois les trois armées établies sur le front Stokach-Bregenz-Vérone, elles devaient com-

---

(1) Inspiré, dit-on, par l'adjudant général Lahorie, alors employé aux bureaux de la Guerre. Voir ce rapport dans Koch, III, 453 sqq.
(2) Rapport de Schérer, Koch, III, 455.

battre défensivement, quittes à se replier sur leurs positions primitives.

Ce prologue de campagne était gros de dangers. Disperser les faibles forces dont on disposait de Legnago à Mayence, c'était ne retirer de la Suisse que l'inconvénient d'une augmentation de frontière à défendre. Prendre dès le début un semblant d'offensive pour porter les armées à l'entrée des plaines de la Bavière et du Frioul, en laissant derrière soi le Rhin, les Alpes et l'Adige, c'était méconnaître complètement son infériorité numérique, se priver de gaieté de cœur d'excellentes positions défensives et s'exposer à en être coupé, surtout si l'on songe que cette offensive s'opérait en trois masses très distantes et séparées par des obstacles infranchissables. Affaiblir par un détachement l'armée de Masséna à la veille de son attaque, c'était risquer de la paralyser en faveur d'un concours bien aléatoire pour Jourdan. Enfin, tout réussît-il à souhait, on plaçait l'armée d'Helvétie, maîtresse des Grisons, dans une situation aussi dangereuse que l'avait été celle de Bellegarde, on lui faisait découvrir la Suisse et on l'exposait à un désastre sans profit sérieux pour les deux autres. Comme l'a dit Napoléon (1), il fallait rester sur la défensive en Allemagne, jeter des garnisons dans les villes du Rhin et masser 70 000 hommes en Suisse. En occupant solidement le Rhin entre Bâle et Schaffouse, on empêchait toute tentative de l'archiduc sur la forêt Noire et sur Strasbourg, direction la plus dangereuse, et on l'obligeait à une attaque de front sur la Suisse, ou à un grand détour vers Mayence, qui risquait de le couper du Tyrol. D'autre part, la garde des débouchés du Tyrol et de l'Italie n'exigeait que peu de monde pour assurer les derrières de l'armée et interdisait aux Austro-Russes toute offensive contre notre frontière des Alpes au cas d'un échec de nos forces dans la vallée du Pô. — Les Directeurs, ou tout au moins leurs inspirateurs, n'entrevirent pas un instant cette solution.

De tout ce qu'exigeait la situation, le gouvernement ne

---

(1) *Correspondance*, XXX, 260.

comprit que la nécessité de l'unité d'action en Suisse et en Allemagne, et confia à Jourdan le commandement supérieur des trois armées qui y étaient réunies. Encore la comprit-il d'une façon insuffisante, en laissant sous ses ordres deux généraux en chef, correspondant directement avec le ministre. Pour se donner une contenance et intimider l'adversaire, il adressa un ultimatum à l'Autriche au sujet de ses armements et de l'approche des armées russes, et prescrivit à Jourdan de marcher sur le Danube sans attendre la réponse (1).

§ 2. — STOKACH

Le débouché. — Au 1ᵉʳ mars 1799, la situation de l'armée du Danube était la suivante :

Commandant en chef : Général JOURDAN.
Chef d'état-major : Général ERNOUF.
Commandant le génie : Général MARESCOT.
Commandant l'artillerie : Général LAMARTILLIÈRE.

DIVISIONS.	BRIGADES.	DEMI-BRIGADES légères.	DEMI-BRIGADES de bataille.	RÉGIMENTS de cavalerie.	EFFECTIFS.
Avant-garde : Lefebvre (*).	Soult, Mortier, Leval, Kleiu............	1	2	4	8.953
1. Ferino............	Tharreau, Laboissière, Jacopin............	1	2	2	8.113
2. Souham............	Decaen, Goulus......	»	3	2	6.955
3. Gouvion-Saint-Cyr..	Legrand, Daurier, Walther............	1	2	3	6.691
Réserve : D'Hautpoul..	Vandamme, Compère, Oswald............	1	1	8	6.162
Parc d'artillerie......	....	»	»	»	1.389
		4	10	19	38.263

(*) Lefebvre, absent, fut remplacé provisoirement par Vandamme.

Chaque division comprenait donc :

3 demi-brigades d'infanterie, dont 1 légère généralement, à 2 ou 3 bataillons.
2 à 4 régiments de cavalerie, à 4 escadrons.
4 compagnies d'artillerie.
1 compagnie de sapeurs.

(1) Il revint sur cette décision quand il était trop tard (Voir SOULT, II, 4).

La décomposition en brigades était éminemment variable, mais chacune comprenait les trois armes.

Le 1ᵉʳ mars, Jourdan passa le Rhin à Kehl avec l'avant-garde, les 2ᵉ et 3ᵉ divisions et la réserve de cavalerie (1). Saint-Cyr marcha sur Rottweil par Oberkirch et Freudenstadt, Lefebvre et Souham sur Villingen par la vallée de la Kinzig, d'Hautpoul sur Hüfingen par Fribourg et Neustadt. Ferino (1ʳᵉ division), passé à Huningue, vint se poster à Blumberg.

Le même jour Bernadotte s'empara de Mannheim et, masquant Philipsbourg par un détachement, alla prendre position à Heillbronn, poussant son avant-garde dans la vallée du Neckar (4 mars).

La position prise par Jourdan en avant de Villingen était bonne et Saint-Cyr souhaitait qu'on y attendît l'attaque de l'ennemi (2). Mais la nouvelle des succès de Masséna, qui venait d'envahir les Grisons, décida Jourdan à passer sur la rive droite du Danube pour se lier plus intimement à son collègue. Saint-Cyr dut s'avancer sur Mösskirch par Tuttlingen, Souham sur Engen et Stokach, Ferino sur Hohenwiel et Bodmann, tandis qu'un corps de flanqueurs constitué sous Vandamme (2 demi-brigades d'infanterie et 3 escadrons) restait bien inutilement sur la rive gauche du Danube pour surveiller la direction de Stuttgard. Bernadotte ne suivit pas le mouvement général. Une demi-brigade envoyée par Masséna à Schaffouse (Ruby) dut établir la liaison avec l'armée d'Helvétie et passa aux ordres de Ferino.

Le désir de faciliter à cette dernière l'attaque de Feldkirch décida Jourdan à un nouveau pas en avant, en disséminant malheureusement son armée sur un front beaucoup trop étendu. Le 17 mars, il dirigea Ferino sur Marckdorf, Lefebvre sur Ostrach, Saint-Cyr sur Mengen, Souham et d'Hautpoul sur Pfullendorf, formant réserve. — De son côté, l'archiduc, après avoir franchi le Lech le 3 mars, aussitôt l'offensive de Jourdan signalée, et s'être avancé sur Memmingen, avait passé

---

(1) Voir le croquis n° 71.
(2) *Mémoires sur le Directoire, le Consulat et l'Empire*, I, 104.

l'Isar, envoyé un corps au nord d'Ulm pour contenir Bernadotte et massé 78 000 hommes (54 bataillons, 138 escadrons) à Biberach. Les avant-postes étaient au contact sur l'Ostrach, sans qu'aucun des deux généraux en chef eût reçu l'ordre officiel de commencer les hostilités.

L'Ostrach. — Jourdan prit son parti le premier. Le 20 mars, après avoir dénoncé l'armistice, il poussa Saint-Cyr et Lefebvre au delà de l'Ostrach, Ferino au delà de l'Aach et s'empara facilement de toutes les positions de la rive orientale des deux rivières. Mais le lendemain (21 mars) l'archiduc prit sa revanche. Deux colonnes autrichiennes (Archiduc et Wallis, 37 bataillons, 92 escadrons) marchèrent sur Ostrach et une troisième (Fürstenberg, 11 bataillons, 20 escadrons) sur Hohentengen. Saint-Cyr conserva en ce point ses positions (1), mais les 9 000 hommes de Lefebvre, attaqués par 50 000, durent repasser l'Ostrach après une résistance désespérée. Lefebvre, blessé, remit le commandement à Soult, qui parvint à se retirer sur Pfüllendorf (2). Saint-Cyr, menacé d'être coupé, exécuta une brillante retraite derrière l'Ablach et l'archiduc, toujours circonspect malgré son énorme supériorité numérique, commit la faute de ne pas poursuivre énergiquement son succès. Jourdan put donc se retirer entre Bodmann et Friedingen (22 mars), puis entre Hohenwiel et Tuttlingen (23 mars).

Le prince Charles, se portant lentement en avant, occupa Stokach le 23 et poussa le lendemain, sur tout le front de la ligne française, de fortes reconnaissances qui furent partout repoussées. L'engagement le plus vif eut lieu à notre gauche. Si le village de Liptingen resta au pouvoir des Autrichiens, Saint-Cyr résista victorieusement dans les bois de Neuhausen à tous les assauts de Meerveldt (3) et ce succès décida Jourdan, après un conseil de guerre où les autres généraux furent d'avis

---

(1) *Mémoires* de Saint-Cyr, I, 120 sqq.
(2) *Mémoires* de Soult, II, 16 sqq.
(3) Constatant la lenteur de la poursuite des Autrichiens, Saint-Cyr jugeait inutile de reculer avant de savoir si l'on était suivi par toutes les forces de l'archiduc et sans chercher à obtenir un succès sur une partie de son armée. Il avait donc demandé le 23 à ne pas suivre le mouvement de retraite et à rester sur sa posi-

de ne pas se retirer sans combattre, à tenter le sort des armes.

Stokach. — Les dispositions suivantes furent arrêtées (1). Ferino dut se porter de Singen sur Stokach par Steisslingen et Wahlwies ; Souham dut marcher sur le même objectif par la route d'Engen ; Soult et d'Hautpoul durent se diriger sur Emmingen, puis sur Liptingen ; Saint-Cyr, resté en position au nord de ce dernier village, dans les bois de Neuhausen, dut attendre pour en déboucher que Soult eût atteint Liptingen et que les flanqueurs de Vandamme, placés sous ses ordres et arrivant de Friedingen, fussent parvenus à sa hauteur ; il devait alors prendre en flanc la droite ennemie attaquée de front par Soult.

A part le manque de liaison qui existait entre l'attaque de ce dernier et celle de Souham et qui devait couper la bataille en deux tronçons absolument distincts, ces dispositions, qui visaient à écraser la droite ennemie, n'étaient pas trop mal entendues (2). Mais elles exigeaient pour réussir que Souham et Ferino pussent immobiliser, par la vigueur de leur action, les forces qu'ils trouveraient en face d'eux, et l'éloignement des deux attaques devait beaucoup les gêner dans l'accomplissement intelligent de leur rôle. « Le projet de Jourdan, dit Jomini, eût été passable, si le point de départ des différentes divisions n'avait pas été beaucoup trop étendu pour qu'on pût compter qu'elles arrivassent simultanément à celui de concentration.... Jourdan aurait dû réunir son armée ou vers Liptingen, ou autour d'Aach, afin de faire effort à volonté sur la droite ou la gauche des Impériaux, tandis que Ferino ou Vandamme les eût tenus en échec sur l'aile opposée.... En attaquant la droite, il refoulait l'armée autrichienne sur Stokach, vrai coupe-gorge où elle eût laissé au moins toute son artillerie. L'effort était-il dirigé contre la gauche, il lui enlevait la communication du Tyrol et la rejetait sur Ulm. *Cette dernière manœuvre semblait*

---

tion de Liptingen, à la lisière des bois de Neuhausen (*Mém.*, I, 131 sqq.). Son initiative dépassa le but qu'elle se proposait, puisqu'elle engagea Jourdan à risquer, sans aucune chance sérieuse, une bataille générale (Voir la critique de Napoléon, *Correspondance*, XXX, 263).

(1) Voir le croquis n° 72 et les *Mémoires* de SAINT-CYR, I, 319.
(2) SAINT-CYR, I, 138.

préférable; c'était renoncer, il est vrai, à la route de Strasbourg; mais, dans l'état des choses, celles de Schaffouse et d'Engen étaient préférables, puisqu'en cas d'échec on pouvait atteindre le Rhin en une seule marche et opérer la jonction avec l'armée d'Helvétie. »

Quoi qu'il en soit, les dispositions de l'archiduc pouvaient grandement favoriser les projets de Jourdan. L'armée autrichienne, en effet, occupait le 24 mars une position très étendue, la gauche vers Wahlwies, le centre sur les hauteurs du Nellemberg en avant de Stokach, la droite, très en l'air, vers Liptingen, et cette extension permettait à Jourdan de battre une partie de cette armée, notamment l'aile droite. Les deux adversaires étaient d'ailleurs très mal renseignés sur leurs positions respectives, et le prince Charles avait projeté pour le 25 une vaste reconnaissance offensive avec toute son armée. Après avoir renforcé sa droite, qui avait éprouvé le jour même une résistance sérieuse à Liptingen, et l'avoir portée à 14 000 hommes, il voulait faire des démonstrations aux deux ailes et s'avancer en forces, avec son centre, sur Engen. (1). Un choc devait s'ensuivre et la bataille de Stokach fut une bataille de rencontre.

Souham se heurta à Aach contre le centre de l'archiduc marchant sur Engen. Sa brigade de tête, après s'être emparée du village, en fut rejetée, et il ne fallut pas moins que l'entrée en ligne de toute la division et des efforts opiniâtres pour en rester maître. Mais après avoir poussé jusqu'à Eigeltingen, Souham, sans nouvelles de la gauche et voyant le Nellemberg fortement occupé, s'arrêta. — De son côté, Ferino s'était brillamment emparé des marais de Steisslingen et avait poursuivi l'ennemi sur Orsingen. Après un nouveau combat très vif et très meurtrier, il était entré dans ce dernier village et avait culbuté l'adversaire au delà de Neuzingen. Mais, non soutenu par Souham, tous ses efforts pour en déboucher furent vains. Les Autrichiens retranchés sur le Nellemberg, couverts par un ruisseau et par une batterie de 20 pièces, l'immobilisèrent,

---

(1) Arch. Charles, *Campagnes de 1799*, I, 178.

puis l'attaquèrent à leur tour, en le menaçant par Wahlwies. Ils s'emparèrent de ce village, malgré les efforts de la brigade Jacopin, et Ferino, près d'être tourné et instruit de la retraite de la gauche, se replia lentement sur Singen.

Décousu à l'aile droite, le combat avait encore été plus mal conduit à l'aile gauche. La division Soult, qu'accompagnait le général en chef, avait enlevé avec beaucoup de résolution le village d'Emmingen, puis les bois en avant de Liptingen et le village lui-même, dans le flanc gauche de Meerveldt. Assailli au même instant sur son front et son flanc droit par Saint-Cyr et Vandamme débouchant par les routes de Tuttlingen et de Friedingen, Meerveldt avait été rejeté dans une déroute complète, et en perdant 3 ou 4000 hommes, sur le terrain montueux et boisé qui s'étendait vers Stokach. Ce premier succès si marqué, qui était tout ce qu'on pouvait et devait chercher, fit illusion à Jourdan et l'entraîna dans une fausse manœuvre (1). Voyant déjà l'armée ennemie tout entière battue, il poussa Soult seul sur la route de Liptingen à Stokach et ordonna à Saint-Cyr un vaste mouvement tournant sur Mösskirch, pour couper à l'ennemi la retraite sur Pfüllendorf.

A ce moment l'archiduc, faisant preuve d'un grand sang-froid et de beaucoup de tact manœuvrier, dégarnit son centre, qu'il ramène sur Stokach, au profit de sa droite, où il se porte en personne. Il rallie les troupes de Meerveldt, forme une grosse colonne ayant en tête huit bataillons de grenadiers hongrois et s'avance au-devant de Soult. Un combat acharné s'engage dans les bois entre Stokach et Liptingen. L'archiduc, les princes d'Anhalt et de Fürstenberg d'une part, Soult, Mortier et Leval de l'autre, conduisent à pied et l'épée à la main leurs bataillons. A la fin, le nombre l'emporte. Soult, rejeté des bois, se range dans la plaine en avant de Liptingen, soutenu par la réserve de cavalerie (2), et tente vainement d'arrêter les colonnes ennemies qui débouchent de tous côtés. La charge d'une

---

(1) Voir les *Mémoires* de Soult (II, 34) et son éloge de Saint-Cyr.
(2) Au dire de Saint-Cyr (I, 151), les dispositions adoptées par Jourdan auraient été assez défectueuses. Voir Soult, II, 42 et sqq.

brigade de carabiniers manque totalement son effet et, malgré le secours d'une demi-brigade de Saint-Cyr arrivant de Neuhausen, Soult doit se replier sur les hauteurs de Tuttlingen.

Pendant ce temps, Saint-Cyr, parvenu à Mösskirch, avait dirigé en toute hâte la brigade Vandamme sur Stokach pour faire une diversion sur les derrières de l'ennemi. Mais, arrêtée par des forces supérieures, elle fut obligée de rétrograder. La position de Saint-Cyr était assez compromise. Il se dirigea sur Sigmaringen, passa le Danube dans la nuit au gué de Laitz et gagna heureusement Ebingen, puis Rottweil.

Cette bataille, l'une des plus disputées des guerres de la Révolution, où 35 000 Français avaient eu 70 000 Autrichiens à combattre, coûtait aux premiers plus de 5000 hommes, contre 4000 à l'ennemi. Elle avait bien commencé : l'hésitation de Souham, mais surtout la fausse manœuvre de Jourdan et la trop grande portée qu'il avait voulu donner à l'action, nous l'avaient fait perdre.

La retraite. — Le lendemain, Jourdan replia sa droite sur Schaffouse et sa gauche au delà de Tuttlingen. Quelques jours après (30 mars), il établissait ses corps à l'entrée des défilés de la forêt Noire, de Neustadt à Rottweil (1), et, laissant le commandement à son chef d'état-major Ernouf, partait pour Paris se plaindre au Directoire de l'effroyable dénûment où l'on avait laissé ses troupes. Instruit de l'approche de quelques partis ennemis, Ernouf se hâta de se replier sur Kehl et Neu-Brisach. Masséna, investi du commandement en chef des armées du Danube et d'Helvétie, ne laissa en Alsace qu'un faible corps d'observation devant Sztarray, détaché dans le Brisgau par l'archiduc avec 30 000 hommes, et dirigea la meilleure partie de l'armée de Jourdan vers la Suisse, où allait se décider le sort de la campagne.

Bernadotte, qui n'avait rien fait (2), avait suivi le mouvement de recul de Jourdan. A la nouvelle de la nomination de Mas-

---

(1) Ferino à Neustadt, Souham à Furtwangen, Saint-Cyr à Tryberg, Soult à Shramberg.

(2) Voir à ce sujet les *Mémoires* de Soult, II, 8.

séna au commandement supérieur de son armée, il la quitta, la laissant à Collaud, et fut bientôt appelé au ministère de la Guerre après le 30 prairial.

La direction de retraite choisie par Jourdan a été blâmée par Napoléon et par l'archiduc Charles, qui jugent bien meilleure la retraite sur la Suisse, afin de rejoindre Masséna (1). Saint-Cyr est d'un avis contraire ; suivant lui, Jourdan et Masséna réunis pouvaient être enveloppés et bloqués, et le premier, étant donnée la faiblesse de ses moyens, devait se borner, par une retraite divergente, à écarter le prince Charles de la Suisse (2). Mais les raisons invoquées par Saint-Cyr sont sans grande valeur, puisque l'archiduc pouvait facilement (comme il l'a fait) masquer Jourdan par un détachement ; puisque Jourdan, battu et ne pouvant attendre aucun secours sérieux de l'armée du Rhin, n'avait aucune chance de se maintenir dans la forêt Noire ; enfin puisque Masséna, renforcé par les divisions de l'armée du Danube, bien loin d'être enveloppé, allait sauver la France à Zürich.

§ 3. — LES GRISONS. — LA LIMMAT.

Le débouché en Tyrol. — Masséna, arrivé le 11 décembre 1798 à Zürich, avait trouvé les troupes d'Helvétie dans une situation des plus précaire et n'avait pu que d'une manière très insuffisante remédier à leurs besoins. Malgré les instances du Directoire, force lui avait été de différer une offensive qu'il n'avait pas les moyens de mener à bien. La pression des événements l'obligea à se mettre en mouvement. Au commencement de mars, son armée comprenait trois divisions :

```
1. Droite : Lecourbe........  Brigades Loison et Mainoni.
2. Centre : Ménard...........     —     Lorge, Chabran et Démont.
3. Gauche : Xaintrailles.......   —     Oudinot et Ruby.
```

au total 25 000 hommes, dont 1600 cavaliers, et 48 pièces. La première occupait le Saint-Gothard et le val Levantine jusqu'à

---

(1) NAPOLÉON, *Corresp.*, XXX, 263.
(2) *Mém.*, I, 159 sqq.

Bellinzona et Lugano ; la seconde était répartie dans les gorges de Schwiz, Glaris et Appenzell ; la troisième s'étendait le long du Rhin, de Wallenstadt au lac de Constance.

Suivant les premières instructions du Directoire, Masséna devait franchir le Rhin vers Coire, en même temps que Jourdan le passerait à Kehl, et conquérir le pays des Grisons, dont les habitants, révoltés contre l'invasion autrichienne, appelaient les Français à leur aide. Le cabinet de Vienne, en effet, avait profité des troubles qui divisaient le pays pour le faire occuper militairement par le corps du général Auffenberg (19 octobre 1798). Le but de l'armée d'Helvétie était de s'emparer des vallées par lesquelles l'ennemi aurait pu se porter dans le flanc de l'armée du Danube, puis de celles de l'Inn et de l'Adige pour faciliter l'offensive de l'armée d'Italie. On a vu (1) qu'on était revenu ensuite à des vues plus modestes, en se bornant à la conquête des Grisons et à l'occupation par Jourdan des sources du Danube, avec la coopération de l'aile gauche de Masséna.

Ménard reçut donc l'ordre de passer le Rhin entre Reichenau et Luciensteig, Xaintrailles celui de franchir le fleuve entre Luciensteig et le lac de Constance, Lecourbe celui de déboucher du val Levantine sur Lenz et de se porter par les cols de l'Albula dans la vallée de l'Inn. La brigade Dessoles, de l'armée d'Italie, campée en Valteline, dut coopérer au mouvement de Lecourbe en remontant l'Adda jusqu'à l'Ofen-Pass.

En face de l'armée d'Helvétie, Hotze, avec 17 000 hommes, s'était établi à Feldkirch et à Bregenz, liant sa droite à l'armée de l'archiduc ; la brigade Auffenberg (5000 hommes) occupait les Grisons ; enfin Bellegarde était plus en arrière, dans le Tyrol, avec 46 600 hommes, et se préparait à soutenir ses lieutenants.

Le 6 mars, cinq jours après le débouché de Jourdan, les troupes concentrées dans les cantons d'Appenzell et de Glaris s'ébranlèrent sur tous les points (2). Démont culbuta les Autrichiens à Reichenau, après un vif engagement, et nettoya la vallée du Rhin jusqu'à Dissentis. Lorge passa le Rhin à Atzmoos

(1) Voir p. 553.
(2) Voir le croquis n° 73.

et, après quatre essais infructueux, s'empara de la forte position de Luciensteig. Oudinot franchit le fleuve plus en aval et Ruby occupa Schaffouse pour établir la liaison avec Jourdan. — Le lendemain, tandis que Lorge marchait au secours d'Oudinot, attaqué par la division Hotze qui débouchait de Feldkirch, Masséna s'avança sur la Landquart avec la brigade Chabran passée à Mayenfeld, culbuta l'ennemi en avant de Coire et lui prit 16 pièces et 3000 hommes, dont le général Auffenberg. Oudinot réussit à refouler Hotze sur Feldkirch ; mais les jours suivants (11, 12, 15, 16 et 21 mars) tous les efforts pour déloger le général autrichien de cette position restèrent vains. Masséna, qui vint tenter lui-même l'entreprise, ne fut pas plus heureux (23 mars) et, apprenant le lendemain la retraite de Jourdan sur Engen, repassa sur la rive gauche du Rhin avec des pertes sensibles (1).

Pendant ce temps, Lecourbe (2) s'était porté avec sa division, forte de 13 000 hommes, d'Airolo et de Bellinzona sur Dissentis et Splügen (6 mars), tandis que la brigade Dessoles (6000 hommes) remontait l'Adige. La brigade Loison, formant la colonne de gauche, avait éprouvé un échec sérieux en avant de Dissentis (7 mars) et n'avait pu reprendre son mouvement que grâce aux succès de Masséna vers Coire. Mais celle de Mainoni (colonne de droite) avait franchi heureusement le San-Bernardino et, passant par Thusis et Tiefencastel, avait débouché dans la vallée de l'Inn en deux colonnes, par les cols de Julier et d'Albula, en culbutant les postes de la division Laudon (12 mars) et en faisant 1200 prisonniers ; elle avait battu de nouveau ce général à Zernetz (13 mars), puis avait poussé sa colonne de droite (Mainoni, 3 bataillons) dans la vallée de Münster, où Laudon s'était réfugié avec 6000 hommes et où

---

(1) Napoléon (*Corresp.*, XXX, 262) a blâmé cet acharnement de Masséna contre Feldkirch, position qui n'était pas nécessaire à la défense de la Suisse ; Masséna ne pouvait faire œuvre utile qu'en se réunissant à Jourdan avec les deux tiers de ses forces et en laissant à Lecourbe la garde de la Suisse.

(2) Ce qu'il y a de plus extraordinaire dans les belles opérations de Lecourbe pendant cette campagne, c'est que, général de division depuis le 5 février, il n'avait jamais opéré isolément et jamais en pays de montagnes. Au premier essai il allait se révéler un maître. Voir son portrait dans KOCH, III, 119. Cf. *Le général Lecourbe d'après ses archives*, p. 198 sqq.

Dessoles marchait par Bormio, tandis que sa colonne de gauche (Lecourbe, 3 bataillons) prenait le chemin de Martinsbrück. Après avoir échoué le 14 mars, repoussé le 15 (1) une attaque de Laudon sur Zernetz et subi un nouvel échec le 17 devant Martinsbrück, Lecourbe enleva le 25 les formidables positions de Martinsbrück et de Nauders, tandis que Dessoles, longtemps retardé dans sa marche par le manque de vivres et la difficulté des chemins, s'emparait des retranchements de Taufers et de Glürns après un brillant combat (2). Les débris du corps de Laudon, ayant perdu 4000 prisonniers, 1700 morts ou blessés et 29 pièces, se jetèrent dans la vallée de l'Adige.

Quelques jours après, Masséna, instruit de la retraite de l'armée du Danube sur le Rhin, ordonnait à Lecourbe de se replier dans la Haute-Engadine.

Comme le remarque Jomini, on ne peut s'expliquer la pointe dangereuse de Lecourbe dans la vallée de l'Inn, alors qu'il eût été si utile à Masséna du côté de Feldkirch. « Le passage du Splügen, a écrit Napoléon, et toutes les opérations qui ont eu lieu dans les Engadines et dans la Valteline *sont sans but. La droite de l'armée ne pouvait pas trouver de meilleures positions que celles du Saint-Gothard et du Splügen.* Avait-on le projet de conquérir le Tyrol ? Mais cette opération ne pouvait pas être faite avec 15000 hommes, par une seule division de l'armée, lorsque les autres divisions restaient à trente lieues en arrière et séparées par de hautes montagnes. Si Lecourbe avait eu le malheur d'arriver à Innsbrück, *il eût été cerné.* Cette guerre dans les Engadines avait été conçue à Paris par des hommes sans expérience, qui n'avaient que des idées obscures et fausses sur l'art de la guerre... (3) » Lecourbe ne fut sauvé

---

(1) Le général Mainoni fut fait prisonnier ce jour-là et remplacé par Démont.
(2) Dessoles tourna la position de l'ennemi en faisant suivre à ses troupes le lit même d'un torrent, le Raumbach, que les Autrichiens avaient compté comme un obstacle insurmontable. Voir l'ouvrage du général autrichien De Kühn sur *La guerre de montagnes*, et Koch, III, 142. — Sur Dessoles, voir Koch, III, 118.
(3) *Correspondance*, XXX, 262. — Soult estime (II, 12) que Masséna aurait dû se porter d'abord sur la gauche de l'archiduc pour aider Jourdan, puis sur la droite de Kray pour aider Schérer. Il n'y avait que le premier mouvement de possible et de bon.

d'un désastre que par sa vigueur et par l'indécision de Bellegarde, lequel ne lui opposa que les 8000 hommes de la division Laudon (1).

La retraite. — Les opérations en Allemagne subirent pendant le mois d'avril un ralentissement marqué. Lecourbe se maintint dans la haute vallée de l'Inn, malgré un sérieux échec de Dessoles, qui fut rejeté sur Bormio (5 avril), et Masséna, nommé au commandement de l'armée du Danube tout en conservant celle d'Helvétie (2), resta en position sur la rive gauche du Rhin, de Coire à Bâle. L'archiduc, qui avait ordonné à Sztarray d'étendre ses avant-postes jusqu'à Francfort pour menacer tout le cours du Rhin, ne quitta pas le Brisgau avec le gros de ses forces (40 000 hommes) et se contenta d'occuper Schaffouse. Constance, vivement attaquée, résista. Malade, tracassé par le Conseil Aulique et ne pouvant même pas arriver à concerter ses opérations avec Bellegarde, le prince Charles dut attendre pour prendre l'offensive que les succès de Souwaroff permissent au général russe de combiner son attaque avec la sienne. De son côté, Masséna, ayant appelé en Suisse une partie de l'armée du Danube et disposant d'environ 65 000 hommes, se tint sur une stricte défensive et réorganisa ses troupes.

Le 4 mai, la situation des deux armées fusionnées était la suivante :

Commandant en chef : Masséna.
Chef d'état-major : Chérin.
Commandant l'artillerie : Lamartillière.
Commandant le génie : Marescot.
Ordonnateur en chef : Faviers.

---

(1) Cf. *Le général Lecourbe*, p. 219 sqq.
(2) Cette nomination détermina la retraite de Bernadotte et de Saint-Cyr.

CORPS.	DIVISIONS (*).	BRIGADES.	EFFECTIFS.	
Droite : Ferino (**)...	1. Mesnard........	Chabran............	8.507	
	2. Lecourbe.......	Loison, Demont.....	10.483	23.922
	3. Lorge..........	Suchet, Humbert....	4.932	
Centre : Masséna....	1. Vandamme (***).	Decaen, Heudelet...	5.855	
	2. Oudinot........	Paillard, Gazan....	7.474	23.327
	3. Tharreau.......	Jacopin, Boivin....	4.668	
	4. Soult..........	Gudin, Bontemps...	5.330	
Gauche : Xaintrailles.	1. Souham........	Jardon	6.681	17.913
	2. Legrand.......	Mortier, Laval.....	11.232	
Réserve de cavalerie : Klein.........	1. Klein.	Oswald............	2.272	4.086
	2. Ney...........	Walther...........	1.814	
Division de l'intérieur de l'Helvétie.......	Nouvion.............		10.188	
		Tot. des troupes actives (****).	79.436	
Division du Bas-Rhin.	Collaud...........	Darnaudet, Bastoul..	9.564	
5ᵉ division militaire (Strasbourg).......	Laroche...........	Jordy, Desenfans...	7.057	
Troupes des 4 départements réunis (Rhin et Moselle, Roër, Mont-Tonnerre et Sarre).............	Dufour...........	Freytag, Turreau....	14.857	
Artillerie des parcs et des places.........	....	....	2.461	
		Total des troupes non actives.	33.939	
		Total général...	113.375	

(*) Chaque division active comptait 3 à 4 demi-brigades d'infanterie, 1 régiment ou 1 escadron de cavalerie, 2 compagnies d'artillerie légère, 8 pièces de position et 1 compagnie de sapeurs.
L'artillerie des divisions comptait 248 pièces, celle des parcs 270, au total 518 pièces, non comprises celles des places (KOCH, III, 465).
(**) Ne rejoignit pas et fut suppléé par Lecourbe.
(***) Ne rejoignit pas et passa en conseil de guerre pour exactions.
(****) Avec 98 pièces attachées aux divisions et 48 au parc.

La droite sous Ferino (divisions Ménard, Lecourbe et Lorge, 24 000 hommes) garda les débouchés du Tyrol, depuis l'Engadine jusqu'au lac de Constance; le centre (divisions Vandamme, Oudinot, Tharreau et Soult, 23 000 hommes) se plaça derrière le Rhin, entre Stein et Eglisau; la gauche (divisions Souham et Legrand, 18 000 hommes) occupa Bâle et les villes forestières, avec une avant-garde à Lörrach, et se prolongea jusqu'à Kehl. L'extrême gauche garnit le Rhin de Mannheim (Collaud) à Mayence (Dufour et Laroche). — « L'art de la guerre, a dit Jomini, ne présente point de problème plus difficile à résoudre que le choix d'un système convenable à la défense de l'Helvétie. » La ligne française était beaucoup trop étendue.

Dans les derniers jours d'avril, Souwaroff s'approchant de l'Adda et du Saint-Gothard, l'archiduc jugea le moment venu de se rendre maître des débouchés qui devaient assurer ses communications avec lui et d'empêcher Masséna de faire des détachements de ce côté (1) ; il chargea donc Hotze et Bellegarde de nous chasser de l'Engadine, des Grisons et de la Levantine (2).

Le 22 avril, Bellegarde, qui n'avait pas cessé de harceler Lecourbe, débouchant de la Basse-Engadine avec 30 000 hommes, sembla vouloir rejeter son adversaire dans les Grisons. Arrêté par le mauvais temps, il n'exécuta son attaque que le 30 et fut encore repoussé avec pertes, à Ramis et à Zernetz. — De son côté, Hotze, débouchant de Feldkirch avec 20 000 hommes, échoua devant Luciensteig, et Ménard écrasa les paysans révoltés à Reichenau et à Dissentis, tandis que Soult les dispersait à Schwyz et à Altdorf (4 et 8 mai).

Mais la perte de la bataille de Cassano par Moreau (27 avril) ayant permis aux Austro-Russes d'Italie d'atteindre le lac de Côme, la brigade Loison, détachée par Lecourbe à Tirano pour couvrir son flanc droit (3), dut se replier au delà du Splügen. Jugeant sa position intenable, Lecourbe, réduit à 5000 hommes, évacua l'Engadine, rallia son lieutenant et, par Thusis et le val Mesocco, vint se placer à Bellinzona pour couvrir le Saint-Gothard. La brigade Loison, poussée vers Lugano en avant-garde, après avoir culbuté un corps autrichien à Taverne (16 mai), fut battue à son tour le 19 et dut se replier sur Bellinzona.

Bellegarde, franchissant l'Albula à la suite de Lecourbe, vint prendre position à Lenz. En même temps, Hotze renouvelait

---

(1) Napoléon a montré (XXX, 264) la faute que commettait l'archiduc en s'engageant dans une guerre de montagnes après sa victoire de Stokach, au lieu de marcher droit au Rhin.

(2) C'est à cette époque (nuit du 28 avril) qu'eut lieu une odieuse violation du droit des gens. Nos plénipotentiaires Debry, Bonnier et Roberjot furent attaqués à leur départ de Rastadt par ordre du gouvernement autrichien, égorgés et dépouillés. Debry seul survécut à ses blessures. L'archiduc écrivit à Masséna pour lui annoncer qu'il allait faire poursuivre une enquête, mais l'affaire n'eut pas de suite. Voir le récit définitif de SOREL, V, 394 sqq. et surtout 400.

(3) Peu après son échec du 5 avril, Dessoles, en mauvais termes avec Lecourbe, fort cassant dans ses ordres, avait envoyé sa démission au Directoire et replié ses troupes, sur l'ordre de Schérer, vers Chiavenna. Cf. *Le général Lecourbe*, p. 250 sqq.

son attaque sur Luciensteig et s'en emparait (14 mai), malgré une résistance désespérée de la garnison. La division Chabran (ex-Ménard) dut se replier partie sur Dissentis et le Saint-Gothard (Suchet), partie sur Glaris et Wallenstadt (Chabran). Bellegarde suivit la première fraction et s'empara de Dissentis; Hotze suivit la seconde et, par Saint-Gall et la vallée de la Thur, se porta vers Frauenfeld au-devant de l'archiduc. L'avant-garde de ce dernier (Nauendorf, 15 000 hommes) venait de passer le Rhin à Stein (22 mai) et avait pris position d'Andelfingen à Eglisau, pour couvrir le débouché du reste des troupes qui s'opérait par Busingen.

La Limmat. — Ce double mouvement des Autrichiens obligeait Masséna à ramener en arrière son centre et sa droite compromis, et à concentrer le gros de ses forces pour tenter d'empêcher la jonction de l'archiduc et de Hotze. Lecourbe repassa donc le Saint-Gothard et prit position sur la haute Reuss. Chabran se replia par Wesen sur Rapperschwyl. Masséna concentra vers Winterthur les divisions Tharreau, Oudinot et Soult (ex-Lorge) (1) (20 mai) et donna à l'armée une nouvelle organisation conforme au tableau suivant :

DIVISIONS.	INFANTE-RIE.	CAVALE-RIE.	ARTILLE-RIE.	TOTAUX.
Avant-garde : Oudinot (*)	5.008	1.003	404	6.415
Commandant supé-rieur : Tharreau. { 1. Lecourbe	9.003	159	239	9.401
2. Chabran	6.005	421	177	6.603
3. Soult	6.006	511	297	6.814
4. Paillard (**)	6.508	910	282	7.700
Commandant supé-rieur : Ferino. { 5. Lorge	5.937	423	175	6.535
6. Souham	5.003	1.214	214	6.431
Réserve : Humbert (puis Legrand)	7.337	1.601	302	9.240
Cavalerie : Klein	»	2.010	»	2.010
Division du Valais (***) : Xaintrailles.	5.009	909	200	6.118
Division de l'intérieur : Boivin (****)	4.582	277	»	4.859
Total des forces actives				72.126
5e division militaire : Laroche	6.352	788	2.351	
Division du Bas-Rhin : Collaud	8.561	1.352	670	34.025
Division des 4 départements : Dufour.	11.788	761	1.402	
Total général				106.151

(*) Remplaçant provisoirement Ney, absent.
(**) Remplaçant provisoirement Oudinot. Tharreau dirigea plus spécialement cette division.
(***) Cette division avait été acheminée quelques jours avant sur Lausanne pour renforcer l'armée d'Italie; elle fut ensuite dirigée sur le Valais qui s'était insurgé.
(****) Nouvion alla commander à Huningue.

(1) Par suite du départ de Vandamme, sa division fut supprimée et fondue dans les trois autres du corps du centre.

Ces dispositions prises, il se porta en avant le 25 mai sur deux colonnes. La première (Paillard) dirigée contre le corps de Nauendorf qui s'était étendu en avant d'Andelfingen, le refoula sur la rive droite de la Thur. La deuxième, dirigée contre Hotze et composée des divisions Oudinot et Soult, le rejeta, après une lutte de dix heures, de Frauenfeld sur Constance (1). Mais, le 27 mai, l'archiduc accourait avec des renforts, ralliait Nauendorf et Hotze, et faisait attaquer par ce dernier l'avant-garde de Masséna, dont Ney avait pris le commandement, sur les hauteurs en avant de Winterthur. Après un combat opiniâtre et très meurtrier qui dura toute la journée, le général français, menacé sur ses deux ailes et ne pouvant plus, avec ses 3000 hommes, entraver la marche de ses 8000 adversaires, se retira sur la rive gauche de la Töss (2).

Sur ces entrefaites, le Conseil aulique, débarrassé de toute inquiétude pour le Tyrol, avait ordonné à Bellegarde de rejoindre Souwaroff en Italie avec 30 000 hommes. Ce général s'était donc dirigé sur le Splügen, le 20 mai, avait gagné Côme et, laissant 10 000 hommes à Haddick (brig. Rohan, Strauch et Saint-Julien) pour s'emparer du Saint-Gothard en l'attaquant par le sud, avait pris avec le reste la route de Milan. — Après avoir échoué le 27 devant Airolo, Haddick en délogea Loison le lendemain, ainsi que d'Urseren, pendant que Lecourbe était occupé à repousser une diversion du côté de Muotta, et le rejeta sur Wassen et Altdorf. Mais il commit la faute de s'arrêter à Airolo et de ne faire suivre les Français que par la brigade Saint-Julien. Quelques jours après, un vigoureux retour offensif de Lecourbe culbutait celle-ci au delà du Pont-du-Diable (2 et 5 juin) (3). Un ordre de Masséna l'obligea alors à se replier sur Altdorf.

Masséna avait pris position sur les hauteurs de l'Oetlisberg, de l'Adlisberg et du Zürichberg en avant de Zürich, qu'il

---

(1) Koch, III, 216 sqq.
(2) Tharreau accusa Soult de lui avoir désobéi et d'avoir laissé écraser Ney (Koch, III, 223).
(3) Voir la belle conduite de Lecourbe dans Koch, III, 237 sqq., et *Le général Lecourbe*, p. 266.

avait fait garnir précédemment de nombreux ouvrages, le front couvert par la Glatt. Le camp retranché s'étendait depuis Zollikon sur le lac, jusque vers Höngg sur la Limmat. Le 3 juin, l'archiduc l'y attaqua, portant son principal effort sur la droite, vers les villages de Wytikon, Zollikon et Riedsbach défendus par la division Soult. Après une lutte acharnée, où le chef d'état-major de Masséna Chérin fut tué (1), les Autrichiens furent repoussés. Masséna, néanmoins, peu confiant dans sa position dont les ouvrages n'étaient pas terminés, prit le soir même toutes ses mesures pour se replier derrière la Limmat.

Le 4 juin, dès l'aube, l'archiduc renouvela son attaque en 5 colonnes ayant pour objectifs : Riedsbach, Wytikon et le Zürichberg. La brigade Humbert, chassée du premier village, parvint, avec l'aide de Gazan, à recouvrer le terrain perdu. Brunet resta inébranlable à Wytikon. Verlé fut délogé de Schwamendingen et dut se replier sur les ouvrages du Zürichberg. Oudinot tint ferme en avant de Höngg. La lutte se prolongea jusqu'à quatre heures du soir avec un grand acharnement, coûtant 2000 hommes aux Français et plus de 3000 à l'ennemi (2). Les généraux Hotze, Wallis, Kerpen, Hiller, d'un côté, Oudinot et Humbert de l'autre, furent grièvement blessés. Les Français restèrent maîtres des retranchements. Mais, jugeant impraticable de se maintenir longtemps en avant de Zürich et craignant dans sa situation les difficultés d'une retraite, Masséna évacua ses positions dans la nuit du 5 au 6 et alla garnir sur la rive gauche de la Limmat les hauteurs de l'Albis, où il se retrancha.

La nouvelle ligne occupée par l'armée française s'étendait de la vallée du Rhône à celle du Rhin. Xaintrailles luttait dans le Valais contre les paysans insurgés, qu'il avait battus à Louèche (25 mai) et à Lax (1er juin), et gardait le Simpion. L'aile droite, sous Lecourbe, bordait la Reuss, la rive occidentale du lac de Lucerne, celle du lac de Zug et rejoignait la

(1) Il fut remplacé par Oudinot.
(2) Voir le récit de Soult, II, 101 sqq. Sa division perdit 1 250 hommes.

Sihl où elle se liait au centre. Celui-ci garnissait les hauteurs de l'Albis, rejoignait vers Alstetten la rive gauche de la Limmat et la suivait, puis celle de l'Aare jusqu'au Rhin. Un corps détaché gardait le Rhin de l'Aare à Rheinfelden. Enfin, l'aile gauche occupait Bâle. Ces positions, prises vers le milieu de juin, restèrent à peu près les mêmes jusqu'à la seconde quinzaine d'août (1).

§ 4. — LE NOUVEAU PLAN DES ALLIÉS.

Le plan. — Comme le mois d'avril, les mois de juin et de juillet marquèrent, en effet, une période de ralentissement dans les opérations militaires sur tous les théâtres, mais surtout en Suisse et en Allemagne. Ce fut le salut de Masséna. L'évacuation de Zürich avait jeté la panique parmi les membres du Directoire suisse, qui s'étaient réfugiés à Berne, et provoqué de nouveaux soulèvements. Déjà le général en chef avait cru devoir donner ses instructions pour l'occupation de la ligne de la Reuss ou de l'Aare au cas où celle de la Limmat serait forcée, quand l'arrêt des hostilités vint lui permettre d'éviter un nouveau mouvement rétrograde. Cette accalmie était due aux négociations en cours entre les cabinets des puissances alliées. Les succès rapides et complets obtenus en Bavière, en Suisse et surtout en Italie, amenaient de deux côtés leurs armées au seuil des frontières de la France. Avant d'aller plus loin, un plan d'invasion s'imposait : on le compléta par un plan de démembrement, destiné à mettre la République hors d'état de bouleverser encore une fois l'Europe. La Russie, l'Autriche, l'Angleterre se promirent mutuellement de nouveaux sacrifices pour cet effort qui devait être décisif.

En même temps qu'on grossissait les effectifs, on faisait subir à leur répartition des modifications importantes. La conduite politique de Souwaroff en Italie avait singulièrement mécontenté l'Autriche. Dès son entrée à Turin, il avait rappelé le roi

---

(1) Voir ci-dessous le tableau des emplacements à la fin de juillet.

de Sardaigne dans ses États et manifesté l'intention de rétablir le *statu quo ante*. L'Autriche, maîtresse déjà de la Vénétie par le traité de Campo-Formio et se souvenant que le Piémont avait autrefois traité sans elle, voulait arrondir ses possessions dans la vallée du Pô en conservant ce pays, et tenait par suite à écarter Souwaroff. Elle donna comme prétexte les dissentiments qui pourraient survenir entre les généraux, en mêlant les Autrichiens et les Russes sur tous les théâtres. Un vaste chassé-croisé fut résolu. Souwaroff dut aller remplacer en Suisse l'archiduc Charles ; celui-ci dut aller prendre la direction des opérations sur le Rhin vers Strasbourg et Mayence. Le mouvement effectué, les forces de la coalition agiraient en trois grandes masses :

Sur le Rhin, l'archiduc Charles avec 90 000 Autrichiens ;

En Suisse, Souwaroff avec 90 000 hommes : 30 000 Russes amenés d'Italie par lui, 30 000 arrivant sous la conduite de Korsakoff, 30 000 Autrichiens sous Hotze ;

En Italie, Mélas avec 70 000 Autrichiens.

Hotze, le seul général autrichien aux ordres de Souwaroff, n'avait pas l'ancienneté suffisante pour faire redouter un conflit d'autorité. Une réserve russe de 50 000 hommes s'organisa en Galicie pour venir renforcer Souwaroff. Enfin, une armée anglo-russe de 48 000 hommes (dont 30 000 Anglais) dut débarquer en Hollande.

Ce défilé par la droite, qui devait s'exécuter sous les yeux de Masséna, exigeait pour réussir une grande entente dans les mouvements. Cette entente n'exista pas, le général français profita habilement de leur décousu, et ce plan, qui devait avoir pour résultat l'invasion et le démembrement de la France, fut cause de l'avortement de la campagne.

Les forces en juillet. — Le Directoire avait mis à profit dans une certaine mesure le répit momentané dont il jouissait. Le coup d'État du 30 prairial (18 juin), qui avait obligé Laréveillère, Merlin et Treilhard à démissionner, avait donné à Barras et à Sieyès une majorité gouvernementale suffisante et appelé Bernadotte au ministère de la

Guerre (1). Celui-ci, malgré ses hâbleries, ses belles promesses et ses prétentions, ne parvint pas à pourvoir les armées du nécessaire et fit décréter sans grands résultats l'appel des cinq classes de conscrits disponibles, jusqu'à concurrence d'un effectif complet de 500 000 hommes. Pour aller plus vite, au lieu d'envoyer les recrues dans les dépôts, on les organisa immédiatement en bataillons départementaux qu'on dirigea sur les frontières. Mais l'élan de 1792 n'existait plus, et la désertion effrayante qui se produisit dès les premiers jours laissa les armées bien au-dessous des effectifs prévus. Cependant, quatre armées s'organisèrent, au moins sur le papier :

Une armée d'Italie, sous Joubert, de.........	70 000 hommes.
Une armée des Alpes, sous Championnet, de.	30 000 —
L'armée du Danube, sous Masséna, de.......	100 000 —
Une armée du Rhin, sous Moreau (2), de.....	40 000 —

Ces chiffres étaient ceux qu'on avait prévus dans les tableaux d'organisation. En attendant l'arrivée de Moreau, retenu en Italie, le général Muller, successeur de Bernadotte à l'armée du Rhin, fut chargé de sa refonte, en lui donnant comme noyau l'ancien corps d'Observation.

Masséna passa les mois de juin et de juillet sur une défensive presque absolue, luttant contre des difficultés sans nombre pour l'approvisionnement de son armée. Le 8 juin, pendant qu'il s'installait sur l'Albis, il repoussa une offensive de l'archiduc, attaqua à son tour le 15, vers Zürich et Alstetten, pour imposer le respect à l'ennemi (3), puis s'occupa de se fortifier dans ses positions, en resserrant sa droite entre Lucerne et la rive gauche de la Sihl. — De son côté l'archiduc, obligé d'envoyer Bellegarde en Italie pour renforcer Souwaroff qui allait avoir l'armée de Naples sur les bras, ne songeait qu'à gagner du

(1) Grâce à l'influence de Joseph Bonaparte, dont il venait d'épouser la belle-sœur.
(2) Bernadotte avait voulu faire donner en outre à Moreau le commandement de l'armée de Masséna. L'arrêté fut rapporté. Koch, III, 300 sqq.
(3) Ces deux engagements firent le plus grand honneur à la division Soult, qui en supporta tout le poids (Voir *Mémoires*, II, 188 sqq., et Koch, III, 287).

temps en attendant la fin des pourparlers des puissances et l'arrivée des renforts russes. Il s'était contenté de renforcer sa gauche (corps de Jellachich, 13 000 hommes) et de la porter au delà de la Linth, dans la vallée de Glaris. Ce corps avait gagné du terrain vers Schwyz, lorsque le départ de Haddick, qui occupait le Saint-Gothard et que Souwaroff rappelait en Italie (mi-juin) (1), l'avait empêché de pousser son entreprise.

Le mois de juillet ne fut marqué que par quelques engagements assez vifs, du côté d'Offenburg et de Renchen, entre le corps de Sztarray et la division Legrand (2 au 10 juillet) et par une tentative de Lecourbe pour déloger les Autrichiens de Brunnen, tentative qui échoua (3 juillet). Le cabinet topographique, chargé auprès du Directoire de l'élaboration des plans de campagne et dirigé alors par Clarke, pressait vivement Masséna de prendre l'offensive avant l'entrée en ligne de Korsakoff. Mais le général, n'ayant pas reçu le tiers de ses renforts, ni la moindre partie des ressources indispensables qu'il réclamait, s'y opposa formellement et offrit sa démission, qui fut refusée. On le laissa libre d'agir à sa guise, et la suite des opérations, grâce aux fautes de ses adversaires, lui donna amplement raison.

A la fin de juillet, la situation des deux armées opposées était la suivante (2) :

---

(1) Haddick passa un mois en marches et contremarches inutiles. Il laissa vers Nuffenen la brigade Strauch, laquelle fut ensuite remplacée par une brigade de Jellachich, et s'étendit dans le haut Valais.

(2) Voir le croquis n° 73 : Koch se contredit lui-même dans les chiffres qu'il indique pour la situation au 19 juin (III, p. 267 et p. 476), qui resta la même jusqu'au milieu d'août. Nous avons pris des chiffres moyens en comparant les siens à ceux des autres auteurs.

DIVISIONS.	BRIGADES.	BATAILLONS.	ESCADRONS.	EFFECTIFS.	EMPLACEMENTS.
Turreau (ex-Xaintrailles)..	Jardon....	11	6	7.500	Valais.
1. Lecourbe....	Gudin.... Loison... Boivin....	13	1	9.800	Stanz et Arth.
2. Chabran.....	Laval.....	10	4	8.500	Zug.
3. Soult........	Boyer....	8	8	7.600	Uetikon.
4. Lorge (ex-Oudinot)........	Gazan..... Bontemps.	11	8	7.900	Dietikon.
5. Ney (ex-Tharreau).........	Heudelet.. Quétard ..	11	8	9.700	Brugg et Baden.
Klein..........	Humbert .	6	12	5.200	Mellingen, Genève, Soleure.
Périno. (6. Goullus (ex-Ney).......	....	5	11	5.700	Frick.
7. Souham...	....	14	15	10.000	Bâle et Lörrach.
Montchoisy....	Ruby.....	3 et tr.helvét.	8	4.500	Dans l'intérieur.
		92	81	76.400	
	Strauch...	8	1	5.000	Nuffenen, Grimsel.
Jellachich......	Bey...... Jellachich.	7	1	4.800	Altdorf.
		12	5	8.600	Schwyz.
Insurgés.......	....	»	»	1.000	Schwyz.
Hotze..........	....	8	26	10.000	Zürich.
Archi-duc. { Avt-garde..	....	12	19	12.000	Sur la Limmat.
Gros......	....	24	23	23.000	Vers Regensdorf et Tettingen
Cordon du Rhin.	....	6 1/2	8	7.000	Waldshut et Stuhlingen.
		77 1/2	83	71.400	

Enfin, en face des 10 ou 12 000 hommes de Muller, échelonnés de Kehl à Mayence, le corps de Stzarray, fort de 30 000 hommes, occupait les positions suivantes :

```
Division Meerveldt......  6 bataillons, 36 escadrons, à Willingen.
    —    Georger........  8      —      22      —      à Offenbourg.
Brigade Giulay..........  2      —      10      —      à Fribourg.
```

Ce dernier poste se reliait au corps qui occupait Waldshut.

La reprise du Saint-Gothard. — Vers le milieu d'août, disposant d'environ 75 000 hommes et instruit de la prochaine arrivée de Korsakoff à Schaffouse, connaissant d'ailleurs dans ses grandes lignes le nouveau plan élaboré par les alliés, Masséna jugea le moment venu de prendre vigoureusement l'offensive par sa droite pour réoccuper le Saint-Gothard et les défilés italiens, qui l'exposaient à être tourné. La division Lecourbe, portée à 12 000 hommes, en fut chargée ; elle devait être soutenue par la division Turreau (ex-Xaintrailles), qui occupait le Valais, et par la division Chabran, en position vers Zug, tandis qu'une vigoureuse démonstration du général en chef sur la Limmat immobiliserait l'archiduc.

Cette démonstration eut lieu les 14 et 15 août. Mais, au même moment, l'approche de Korsakoff incitait le prince Charles à forcer le passage de la Limmat près de son confluent avec l'Aare et à déboucher sur Aarau pour couper Masséna du Rhin. — Le projet était bon, l'exécution fut défectueuse. Dans la nuit du 16 au 17 août, l'archiduc tenta de jeter un pont à Dettingen, au dessous de Baden (1), sous la protection d'une batterie de quarante pièces. Mais, les difficultés que le fond rocheux de la rivière opposait à l'amarrage des ancres et la rapidité du courant ayant retardé les travaux, Ney, qui venait de prendre le commandement de la division Tharreau, eut le temps d'accourir avec 8 ou 10 000 hommes, et l'entreprise échoua. Jugeant l'occasion perdue, l'archiduc se contenta de détacher Hotze avec 9 bataillons et 6 escadrons vers Rapperschwyl pour soutenir Jellachich, vivement pressé par la droite de Masséna.

Pendant ce temps, en effet, Lecourbe avait repris le Saint-Gothard avec une habileté et une vigueur qui allaient mettre sa réputation dans la guerre de montagnes au-dessus de celle du fameux duc de Rohan (2). Les trois divisions formant la droite de l'armée d'Helvétie, Turreau, Lecourbe et Chabran, comptaient environ 30 000 hommes. La première devait remonter la vallée du Rhône et s'emparer du Simplon. Les brigades Gudin et Loison, de la deuxième, réparties en quatre détachements, devaient déboucher dans la vallée de la Reuss par tous les passages des Alpes d'Uri : Gudin par le Grimsel et la Furka sur le Saint-Gothard, Loison par le Süsten-pass sur Wassen, Dumas par le Sürenen-pass sur Attinghausen, Porson par Isenthal sur

---

(1) Voir le croquis n° 74 et les *Mémoires* de Soult, II, 205.
(2) Campagne de 1635, racontée par lui dans ses *Mémoires sur la guerre de la Valteline*, collection Michaud, V, 2ᵉ série.

Altdorf; pendant ce temps, Lecourbe en personne devait déboucher par le lac de Lucerne sur Brunnen et Schwyz avec sa réserve de grenadiers, remonter la Reuss en ralliant successivement les détachements de Gudin et de Loison et s'emparer du Saint-Gothard ; la brigade Molitor (ex-Boivin), formant sa gauche, devait se porter sur Schwyz et pousser l'ennemi dans le Muotta-thal (ou Mutten-thal). Enfin la division Chabran, qui bordait la Sihl, placée comme celle de Turreau sous les ordres supérieurs de Lecourbe, devait soutenir le mouvement de Molitor en poussant une pointe entre la Sihl et le lac de Zürich.

Le 14 août, les Autrichiens sont attaqués sur tous les points, depuis le Valais jusqu'au lac de Zürich. Lecourbe s'empare de Brunnen et va débarquer à Fluelen. La brigade Simpschen (ex-Bey), échelonnée dans la vallée de la Reuss (1), est battue à Seedorf, à Altdorf (14 août), à Am-Steg, à Goschenen, au Grimsel et à la Furka (15 août), et le 16 Lecourbe et Gudin font leur jonction au Pont-du-Diable. — Pendant ce temps, l'aile gauche de Lecourbe (Molitor) s'est emparée de Schwyz et de la vallée de la Muotta, et Chabran, culbutant Jellachich à Richterswyl, à Lachen et à Rapperschwyl, a occupé toute la rive méridionale du lac de Zürich. — De son côté, Turreau a battu Rohan et Strauch et balayé d'ennemis le Valais, du Simplon à la Furka.

En trois jours, l'adversaire a perdu 3 500 hommes et 10 pièces, tandis que, grâce à la justesse de ses mouvements, Lecourbe n'a subi que des pertes minimes. « On ne saurait, dit Jomini, donner trop d'éloges à ses dispositions, ni admirer assez la précision avec laquelle il avait calculé la marche de ses colonnes pour mettre toujours les Autrichiens entre deux feux (2). »

(1) Cette brigade, du corps de Jellachich, a remplacé la brigade Strauch, du corps de Haddick (Voir le tableau de la page 576), qui a appuyé vers l'ouest, dans le haut Valais (Voir p. 575, n. 1).

(2) Le rapport de Lecourbe à Masséna, au sujet de sa manœuvre, mérite d'être étudié dans les plus grands détails, pour sa clarté et sa précision (Voir *Le général Lecourbe*, p. 275 sqq). Napoléon a reproché à Masséna de n'avoir pas su profiter des avantages remportés par Lecourbe du 14 au 16 août. « Son succès, a-t-il dit, était certain s'il eût fait manœuvrer Lecourbe sur la rive droite de la Linth et du lac de Zürich, s'il eût concentré le reste de ses forces sur la Limmat et passé cette rivière. Il se cassa le nez devant les remparts de Zürich. » (*Corresp.*, XXX,

Lecourbe compléta son succès, dont l'effet moral était plus grand encore que le résultat matériel, en occupant tous les défilés donnant accès sur Airolo et Dissentis. La droite de l'armée d'Helvétie s'étendit dès lors jusqu'à la haute Linth, par le Klausen-pass, et borda cette rivière, puis le lac de Wallen, jusqu'à Wollishofen. Un retour offensif de Hotze et de Jellachich en avant de Rapperschwyl et de Glaris (21-23 août) fut presque immédiatement enrayé; le 26, les deux généraux se repliaient derrière la Linth et à Glaris.

5. — LA MANŒUVRE DE ZÜRICH

La situation au milieu de septembre. — La fin d'août et le commencement de septembre furent employés par les alliés à exécuter la manœuvre projetée. Elle eut lieu en deux temps. Le 31 août, l'archiduc Charles replia ses corps (30 bataillons, 42 escadrons) sur Schaffouse et les dirigea vers Mannheim et Philipsbourg, laissant Nauendorf en position le long du Rhin depuis les villes forestières jusqu'au confluent de l'Aare. Il fut remplacé dans ses positions sur la Limmat par les 26 000 Russes de Korsakoff, qui, arrivé en ligne depuis le 23, s'était obstinément refusé à une action commune contre Masséna. Hotze resta pour garder avec ses 22 000 Autrichiens (1) le cours de la Linth, depuis le lac de Zürich jusqu'aux montagnes. — Pendant ce temps, Souwaroff, peu satisfait de la nouvelle combinaison des cabinets alliés, laissait traîner en longueur le siège de Tortone et ne quittait les environs d'Alexandrie que le 11 septembre, avec environ 20 000 hommes qui lui restaient, pour se diriger vers le Saint-Gothard.

A cette époque, les huit divisions dont se composait l'armée d'Helvétie étaient réparties de la façon suivante (2) :

---

290). Masséna, qui n'avait pas les audaces de Bonaparte, craignit sans doute de dégarnir le Saint-Gothard à la veille du débouché de Souwaroff et d'être pris à revers en cas d'échec sur la Limmat.
(1) Jellachich était passé sous ses ordres.
(2) Voir le croquis n° 74 et comparer au tableau des forces en juillet, p. 576.

DIVISIONS.	BRIGADES.	BATAILLONS français.	BATAILLONS helvétiques.	ESCADRONS de cavalerie.	EFFECTIFS.	EMPLACEMENTS.
1. Turreau	Jacopin..... Jardon.....	11	3	1	9.529	Dans le haut Valais, avant-postes sur le lac Majeur et dans la vallée d'Aoste : quartier général, *Domo-Dossola.*
2. Lecourbe	Gudin...... Loison..... Molitor.....	13	»	2	11.832	1re brig. au St-Gothard, d'Airolo à Dissentis; 2e de Goschenen à Altdorf; 3e vers Schwyz : quart. gén., *Alldorf*.
3. Soult	Laval....... Boyer......	17	»	6	11.481	De Näfels (sur la Linth) à Adliswyl (sur la Sihl) : quart. gén., *Lachen*.
4. Mortier	Drouet..... Brunet.....	11	»	6	8.500	Sur le mont Albis, en face de Zürich : quart. gén., *Birmensdorf.*
5. Lorge	Gazan...... Bontemps..	2	2	8	13.056	Sur la Limmat, d'Alstetten à Baden : quart. gén., *Urdorf.*
6. Menard	Heudelet... Quétard....	6	»	8	7.400	De Baden au confluent de l'Aare et du Rhin : quart. gén., *Bruck*.
7. Klein (réserve).	Humbert (*). Goulus..... Roget......	4	1	13	8.079	Vers Frick, surveillant Nauendorf : quart. gén., *Nieder-Frick*.
8. Chabran	Bastout..... Nouvion.... Walther....	5	2	16	8.500	A Bâle et Lörrach : quart. gén., *Bâle.*
Réserve d'artillerie : Lemaire.	....	»	»	»	798	(Servant 58 pièces) sur la Limmat.
		69	8	60	79.175 (**)	(Dont 40 000 sur la Limmat).

(*) Cette brigade d'élite se composait de 3500 grenadiers réunis en deux demi-brigades.
(**) Koch (III, 486) donne au 23 septembre les chiffres suivants : Turreau, 9462 h.; Lecourbe, 11 752; Soult, 12 670; Mortier, 11 167; Lorge, 9017; Ménard, 8565; Klein, 7126; Chabran, 9310; parc et gendarmerie, 1166.

A ces forces de première ligne, il faut ajouter :

Division de l'intérieur, Montchoisy (brigade Ruby) : 3 bataillons, 2 régiments de cavalerie, 2524 hommes, fournissant les garnisons des principales villes de la Suisse (quartier général, Soleure).

6e division militaire, Mengaud (brigades Roy et Chabert) : 6 bataillons, 7000 h., à Besançon, Vesoul, Pontarlier et Porrentruy.

Si l'on compare l'équilibre des forces des deux partis en présence, on obtient le tableau suivant :

EMPLACEMENTS.	FORCES FRANÇAISES.	EFFECTIFS.	FORCES ALLIÉES.	EFFECTIFS.
Sur la Limmat....	Mortier........ Lorge .... Ménard........ Klein..........	37.000	Korsakoff...... Durasoff.......	26.000
Sur la Linth......	Soult........	11.500	En marche vers la Linth...... Hotze .... Jellachich et Linken......	4.000 9.000 9.000 } 22.000 (*)
Au Saint-Gothard.	Lecourbe......	12.000	Souwaroff...... Auffenberg (**). Strauch (***)...	22.000 2.500 4.000 } 28.500
Dans le Valais....	Turreau.......	9.500	»	»
Vers Bâle.........	Chabran.......	8.500	»	»

(*) Kocu (III, 346) donne 27 000 hommes.
(**) La division de ce général avait été laissée par Bellegarde dans la haute vallée du Rhin.
(***) Cette brigade avait reculé devant Turreau et pris position sur le versant italien, en face du Simplon.

Masséna, depuis un mois, s'était fortifié dans ses positions et avait reçu ses derniers renforts. Quand il apprit, après la bataille de Novi (15 août), que Souwaroff se disposait à passer en Suisse et que l'archiduc Charles était sur le point d'en partir, il jugea que le moment était favorable pour attaquer Korsakoff et Hotze avant l'arrivée du premier. Tandis que des officiers étudiaient le cours de la Limmat, dont le passage présentait de grandes difficultés, il ordonna à Lecourbe de faire occuper le canton de Glaris par la brigade Molitor, afin de mieux couvrir la droite de Soult, qui allait attaquer la Linth entre les lacs de Zürich et de Wallen, et de retarder la jonction entre Hotze et Souwaroff. Lecourbe devait ensuite déboucher sur Coire avec une partie de sa division pour menacer la retraite de Hotze et le rejeter dans le Voralberg (1).

(1) A l'imitation de Napoléon (voir p. 578, n. 2), Jomini a reproché à Masséna de n'avoir pas, cette fois encore, replié Lecourbe sur Soult, pour concentrer toutes ses forces, et de n'avoir pas attiré Souwaroff en Suisse au lieu de lui en défendre

Masséna résolut de tenter le passage de la Limmat près de son confluent dans l'Aare et fixa l'attaque au 29 août. Mais le projet fut éventé : on trouva l'ennemi en forces devant soi et le général, jugeant l'opération manquée, y renonça. Soult et Molitor, non instruits à temps du contre-ordre, continuèrent la leur (1). Molitor, avec la 84ᵉ demi-brigade forte de 2500 hommes, remonta la vallée de la Muotta, s'empara du Pragel-pass, puis de la vallée de Klön-thal, délogea le corps de Jellachich, trois fois plus fort que lui, de Nettstall et de Glaris après de brillants combats (29 août), le refoula partie vers Matt et Elm, partie vers Wallenstad, et se relia vers Näfels avec Soult, qui n'avait pu forcer le passage de la Linth (1ᵉʳ septembre). L'heureuse réussite de cette habile manœuvre devait favoriser singulièrement les opérations ultérieures de Masséna (2).

La manœuvre. — Celui-ci avait résolu d'assaillir ses adversaires simultanément des deux côtés du lac de Zürich. La répartition de ses forces lui permettait de frapper sur Korsakoff un coup sérieux, pendant que Soult immobiliserait, ou refoulerait si possible, les forces autrichiennes au sud du lac et que Lecourbe arrêterait Souwaroff. C'était une belle application du principe de l'Économie des Forces. L'attaque sur la Limmat devait donc être la principale ; l'attaque sur la Linth avait pour but d'immobiliser Hotze, de le séparer de Jellachich, de le refouler soit vers la Glatt et la Töss, soit vers la Thur, et de menacer, en cas de succès, les communications de Korsakoff avec le Rhin. Pendant ce temps, Lecourbe devait s'avancer par Dissentis sur Reichenau, occuper le Splügen et menacer Coire. Après avoir fixé son opération au 26 septembre, Masséna,

---

l'accès. Cette critique nous paraît escompter d'avance le résultat des événements ; Masséna, en manœuvrant en lignes intérieures et par sa gauche, devait songer à se ménager une zone d'action suffisante et ne pouvait mieux appuyer sa droite, comme l'a dit Napoléon lui-même (voir p. 565) que sur les excellentes positions du Saint-Gothard et du Tœdi. On ne se prive pas de gaieté de cœur d'une pareille ligne de défense.

(1) Voir SOULT, II, 211.

(2) C'est sur ces entrefaites que Bernadotte, qui s'était montré peu capable comme ministre, fut envoyé et remplacé par Dubois-Crancé, 12 sept. (KOCH, III, 339 sqq.).

instruit des progrès de Souwaroff, l'avança au 25, devançant ainsi de vingt-quatre heures les projets d'offensive de son adversaire (1). En résistant pendant trois jours dans la vallée de la Reuss, Lecourbe lui procura le temps nécessaire pour la mener à bien.

Soult choisit le point de Bilten pour y passer la Linth et prépara son expédition avec le plus grand soin. Le 25 septembre, à 3 heures du matin, une compagnie de 160 nageurs franchit la rivière (2), enleva les avant-postes ennemis et permit à quelques bateaux faisant la navette de transporter sur la rive droite la majeure partie de la division (brigade Mainoni). Hotze, accouru de Kaltbrunnen, essaya de nous arrêter à Schänis ; mais le village, pris et repris trois fois, finit par nous rester ; Hotze fut tué, ainsi que son chef d'état-major ; Kaltbrunnen fut enlevé peu après et les débris du corps autrichien rejetés sur Wesen et Lichtensteig. — Pendant ce temps la gauche de la division (brigade Laval) forçait le passage de la Linth à Grynau et culbutait une colonne russe, commandée par le duc de Wurtemberg, qui arrivait au secours de Hotze ; enfin un détachement de 800 hommes (Lochet), embarqué à Lachen, prenait terre à Schmerikon. — Rejoint le lendemain 26 par sa cavalerie et son artillerie, Soult repoussa un retour offensif de l'ennemi et s'empara de Wesen, Lichtensteig et Rapperschwyl. 3 000 prisonniers et 20 pièces furent les trophées de ces deux journées.

Pendant que son lieutenant remplissait si brillamment sa mission, Masséna n'était pas moins heureux. Il s'était décidé à forcer le passage de la Limmat près de Dietikon, où la rivière décrivait une courbe dont la convexité, tournée du côté français, permettait l'établissement de batteries faisant converger leurs feux sur la rive droite. Le chef d'escadron Foy, commandant l'artillerie de la division Lorge, en détermina l'emplacement de manière à contre-battre le camp ennemi de Weiningen et à intercepter la communication entre ce camp et celui de

---

(1) Voir ci-dessous, p. 587, le plan combiné des alliés.
(2) Voir à ce sujet les *Mémoires* du général DELLARD, alors adjudant-major, qui organisa la compagnie, et SOULT, II, 225 et 229.

Wirenlos (1). La division Lorge et la brigade de droite de la division Mesnard (Quétard) devaient passer à Dietikon ; la division Klein, postée à Schlieren, devait contenir les avant-postes de Korsakoff en avant de Zürich ou passer sur la rive droite, si besoin était ; la division Mortier devait faire une vigoureuse diversion à droite en attaquant Wollishofen avec une de ses brigades, la seconde restant devant Zürich, et la brigade de gauche de Mesnard (Heudelet) était chargée de la même opération sur Brugg.

Si cette attaque par les deux rives de la Limmat divisait l'armée et semblait théoriquement contraire aux vrais principes, elle s'imposait en réalité dans le cas actuel. Attaquer en masse par la rive gauche, c'était aborder de front tous les obstacles, sans autre résultat que de refouler Korsakoff sur ses communications. Attaquer en masse par la rive droite, c'était bien les lui couper, mais c'était aussi le laisser libre de déboucher sur la rive gauche, d'opérer sa jonction avec Souwaroff et d'écraser peut-être Soult ou Lecourbe. Force était donc de se diviser si l'on voulait obtenir un résultat sérieux et se mettre en garde contre les pires éventualités (2). D'ailleurs, le rôle de liaison entre les deux attaques assigné aux divisions Mortier et Klein prouvait que Masséna se rendait compte des dangers de son plan, et l'art d'un véritable homme de guerre consiste moins dans l'observation aveugle des principes que dans leur adaptation aux circonstances et dans la perception nette des risques encourus en s'en écartant.

La nuit du 23 septembre et la journée du 24 furent employées à amener en face de Dietikon, à l'abri des vues de l'ennemi, 16 grands bateaux destinés à la confection du pont et 37 barques pour le passage des premières troupes. La nuit suivante, on les rapprocha du rivage et on installa les batteries.

Le 25 septembre, à cinq heures du matin, l'avant-garde, commandée par Gazan, passe sur la rive droite, repousse les avant-postes russes et enlève à la baïonnette le camp de Weiningen. Le pont de bateaux est immédiatement jeté avec une célérité prodigieuse : commencé à six heures, il est achevé à sept heures

---

(1) Voir le croquis nº 75.
(2) Voir A. G., *Maximes de Napoléon*, p. 55.

et demie. A ce moment, 8 000 hommes sont déjà sur la rive droite ; ils sont bientôt rejoints par le reste des troupes de Lorge et Höngg est enlevé après une vive résistance. La brigade Bontemps va aussitôt prendre position à Regensdorf pour contenir une attaque possible de la droite ennemie. Quétard marche sur Wirenlos. Korsakoff, qui, brusquement réveillé de sa torpeur, a pris d'abord l'attaque de Dietikon pour une démonstration et porté toute son attention sur celle de Mortier vers Wollishofen, rallie alors ses bataillons autour de Zürich et forme une colonne serrée de 4 000 à 5 000 hommes qu'il lance sur la route de Höngg pour arrêter le mouvement de Masséna ; un combat violent s'engage. Battue en brèche par l'artillerie française, la colonne finit par être rompue et culbutée à la baïonnette ; quelques régiments de cavalerie, qui ont passé la rivière à la suite de Lorge, achèvent de disperser les fuyards. Masséna occupe les hauteurs en avant de Zürich et pousse ses avant-postes jusque sur la Glatt.

Pendant ce temps, Mesnard a immobilisé par ses démonstrations vers Baden et Freudenau toute l'aile droite de Korsakoff (sous Durassoff) ; il passe lui-même la Limmat dans la soirée vers son confluent avec l'Aare. — De son côté, Mortier, soutenu par la division Klein, a attaqué dès l'aube Wollishofen et Wietikon. où Korsakoff s'est hâté, comme on l'a vu, d'envoyer ses réserves. Ramené un moment sur l'Uetliberg, Mortier a pu bientôt reprendre l'offensive grâce à l'appui de deux bataillons de la brigade Humbert et refouler dans Zürich toutes les troupes russes qui occupaient la rive gauche.

L'attaque de Masséna a complètement surpris Korsakoff, qui se disposait à prendre lui-même l'offensive le 26 pour faciliter le débouché de Souwaroff et avait massé dans la partie de Zürich située sur la rive gauche la majeure partie de ses forces, ne laissant vers Höngg et Weiningen que de faibles détachements. Son armée se trouve coupée en trois, une partie étant enfermée dans Zürich avec tous les bagages, une autre rejetée sur les pentes orientales du Zürichberg et une troisième vers l'embouchure de l'Aare. Cette dernière (Durassoff) ayant fait un grand détour et l'ayant rejoint dans la nuit, Korsakoff débouche des hauteurs, le 26 au matin, pour essayer de réoccuper la route de Winterthur et permettre à ses convois de s'y écouler.

Les avant-postes de Gazan sont d'abord refoulés jusque sur le Küfersberg, mais, bientôt renforcés par le reste de la division Lorge, ils reviennent à la charge. Un combat sanglant s'engage pour la possession de la route de Winterthur, qui finit par nous rester, et Korsakoff, avec 13 000 hommes à peine, se met précipitamment en retraite sur Schaffouse. Le reste (6000 hommes) est tué, blessé ou pris. Plus de 100 pièces de canons, le trésor et presque tous les bagages de l'armée russe tombent entre nos mains à Zürich, où les troupes de Masséna pénètrent le jour même par les deux rives de la Limmat.

Si cette belle victoire dégageait Masséna, elle ne le mettait pas complètement hors d'affaire. Laissant Ménard avec sa division, celle de Lorge et toute la cavalerie de Klein suivre Korsakoff vers la Thur et la brigade Humbert en position vers Zürich et Richterswyl, le général en chef ordonna à Gazan, remplaçant Soult à la tête de sa division, de rétrograder sur Wesen et se rabattit le 27 avec la division Mortier sur Schwyz, d'où Souwaroff était près de déboucher.

§ 6. — LA MARCHE DE SOUWAROFF

Le débouché sur Lucerne. — Deux routes s'offraient à Souwaroff pour pénétrer du Piémont en Suisse : celle du Splügen et de la vallée du Rhin, qui aboutissait en arrière de la Linth, celle du Saint-Gothard et de la vallée de la Reuss, qui aboutissait en avant (1). Cette dernière fut préférée comme plus courte, plus directe et plus menaçante pour l'ennemi, qu'elle permettait de tourner. Mais, les Français bordant déjà la Linth, il fut convenu que Hotze les en délogerait pour faciliter le

---

(1) Nous ne parlons pas de la troisième, celle du Grand-Saint-Bernard ou du Simplon et de la vallée du Rhône, à laquelle la position de l'armée française ne permettait pas de songer, suivant nous, quoi qu'en disent SOULT (II, 311) et KOCH (III, 377).

débouché de Souwaroff et que Korsakoff attaquerait la Limmat pour immobiliser Masséna. Souwaroff devait attaquer le 17 septembre, être maître du Saint-Gothard le 19 et atteindre Schwyz le 21. Hotze et Korsakoff n'attaqueraient qu'à ce moment. Les trois masses des alliés se rejoindraient entre Lucerne et Zürich (1).

Le 11 septembre (2), Souwaroff, assez satisfait de quitter l'Italie où le poursuivait la tutelle de Thugut, partit des environs d'Asti avec environ 18 000 fantassins, 4 000 cavaliers et 28 pièces de montagne, gagna Bellinzona où il séjourna quelques jours et ne pénétra que le 23 dans la Levantine, au lieu du 17, date qu'il avait indiquée. Les généraux Jellachich, Linken et Auffenberg, qui occupaient les Grisons, durent le seconder à droite en débouchant de Wallenstadt, Coire et Ilanz sur Glaris, tandis que le général Strauch devait couvrir sa gauche en s'avançant par le Simplon dans le Valais. Le même jour (23 septembre) l'avant-garde russe enleva Airolo. Gudin, jugeant impossible de tenir le Saint-Gothard contre des forces si supérieures, évacua la vallée d'Urseren, après avoir résisté pendant douze heures, et prit une bonne position sur le Grimsel, avec son avant-garde à la Furka (3). Souwaroff bivouaqua à Réalp.

Il avait essayé de couper la retraite à Gudin en détachant Rosemberg avec 6 000 hommes dans la vallée de Dissentis, par le val Piora et le col de Luckmanier, pour le faire déboucher sur Urseren (aujourd'hui Andermatt) par l'Ober-Alp. Le mouvement avait échoué, mais quand Lecourbe arriva le 24, avec une partie de la brigade Loison, à Hospenthal, pour essayer de reprendre la vallée d'Urseren et de rejoindre Gudin, il apprit que l'avant-garde russe débouchait sur ses derrières et qu'Auffenberg poussait déjà des partis jusqu'à Amsteig par le Moderaner-thal. Lecourbe, précipitant son artillerie dans la Reuss, se déroba sur Göschenen par des sentiers escarpés, et se résolut à défendre

(1) Voir dans *Le général Lecourbe* (p. 271) une lettre de Souwaroff développant ce plan; même lettre dans Soult (II, 315) et dans Koch (III, 491).
(2) Le mouvement, commencé le 8, fut contremandé devant une attaque de Gouvion-Saint-Cyr, puis repris le 11 Voir Gachot, p. 420.
(3) Voir le croquis n° 74.

énergiquement la rive gauche du torrent, entre Wassen et Altdorf, pour empêcher l'ennemi de s'avancer sur Engelberg et Lucerne. Daumas, avec deux bataillons, resta en arrière-garde au Pont-du-Diable. Loison, avec 2000 hommes, fut envoyé par le Sürenen-pass vers Engelberg, en soutien de Gudin, et lui-même prit position avec 2500 hommes depuis Erstfeld jusqu'à Seedorf. « Avec ses 18 000 Russes, écrivit-il à Masséna, Souwaroff est à nous, si nous manœuvrons bien sur Glaris : il faut qu'il y passe (1). »

Le 25 septembre, Souwaroff délogeait Daumas du Pont-du-Diable et poussait jusqu'à Wassen, tandis qu'Auffenberg était culbuté à Amsteig par Lecourbe et rejeté dans la vallée de Moderan. Le 27, Souwaroff attaquait Erstfeld avec vigueur quand Lecourbe, débouchant d'Altdorf avec deux bataillons, tomba dans son flanc droit et l'arrêta net. Apprenant le jour même l'évacuation de Zürich et la retraite de Korsakoff et de Hotze, Souwaroff se résolut à gagner Zürich par Glaris et la vallée de la Linth (2). « Vous répondrez sur votre tête d'un pas de plus que vous feriez en arrière, écrivit-il aux généraux vaincus. J'arrive et saurai réparer vos fautes. Ainsi, tenez ferme comme des murailles; car je serai inexorable et ne ferai point de grâce. » Puis, poussant Rosemberg vers Schwyz pour couvrir son mouvement vers le nord, il se dirigea par le Schäckenthal, le col de Kinzig, le Muotta-thal et le Pragel-pass sur le Klönthal et Glaris (3). Les généraux Jellachich et Linken reçurent l'ordre d'attaquer immédiatement le corps français qui occupait la vallée de la Linth.

Le débouché sur Glaris. — Ce corps n'était autre que la faible brigade Molitor, qui, chargée le 25 septembre de soutenir l'attaque de Soult sur la Linth en s'emparant de Wesen, avait dû lâcher prise après huit heures de combat pour faire face

(1) Lecourbe à Masséna, de Seedorf le 26, 10 heures du soir. Voir *Le général Lecourbe*. p. 299.

(2) Soult dit que le 28 Souwaroff voulait gagner Zürich par Schwyz, à la suite de son avant-garde (Rosemberg). Dans tous les cas, échec de celle-ci, le 29, le décida à tourner vers Glaris avant que le mouvement du gros sur Schwyz par le Muotta-thal ne fût commencé. Voir SOULT, II, 263 sqq.

(3) Cet itinéraire ressort de la lettre du 28 septembre, 2 heures après midi, du général Gauthier à Lecourbe (*Le général Lecourbe*, p. 304).

à Jellachich, débouchant avec 7000 hommes des bords du Walen-See sur Näfels et Nettstall. Soult, maître le 26 de Wesen, avait contribué à la retraite du général autrichien en menaçant son flanc droit. Mais le jour même, Molitor fut averti que Linken, avec 9000 hommes (1), s'avançait sur Glaris par Matt et Engi. Il se porta aussitôt à Mitlödi et repoussa, le 27, tous les efforts de ce nouvel adversaire pour percer sur Glaris. Le lendemain, une dépêche de Lecourbe lui annonça l'approche de Souwaroff par le Klönthal.

La position de Molitor, menacé de trois côtés par des forces vingt fois plus nombreuses que les siennes, semblait désespérée. Mais, sentant toute l'importance de son rôle et espérant bien que Lecourbe et Soult le soutiendraient, il prit ses dispositions pour résister partout avec un admirable sang-froid.

Le 28, il contient Linken à Schwanden pour permettre à deux bataillons, que Lecourbe lui envoie par le Klausen-pass, de le rejoindre. Le 29 il attaque son adversaire, le déborde par sa gauche, le refoule dans le Sernft-thal et le poursuit jusqu'à Panix, où il laisse deux bataillons. Puis il revient à marches forcées au secours du bataillon de la 84ᵉ qu'il a envoyé sur les bords du Klönthal-See pour arrêter l'avant-garde de Souwaroff. Le 30 au matin, sommé par celui-ci de se rendre, Molitor lui répond en lui annonçant la défaite de Jellachich et de Linken et en le sommant à son tour de mettre bas les armes. Souwaroff attaque le lendemain 1er octobre. Pendant toute la matinée, les 1300 hommes de Molitor (3 bataillons) arrêtent les 15000 Russes du maréchal et se retirent vers midi sur Näfels et Nettstall sans avoir été entamés. Une lutte acharnée s'engage aux ponts de Näfels et de Mollis. Grâce aux renforts que lui amène Gazan de Wesen, Molitor parvient à repousser six assauts successifs, et à 9 heures du soir les Russes se retirent, ayant perdu plus de 2000 hommes. Souwaroff occupe Glaris, et y trouve la confirmation des nouvelles que lui a données Molitor.

Cependant Masséna, vainqueur de Korsakoff, a atteint Schwyz

(1) Le corps de Linken était formé avec des renforts qui arrivaient du Tyrol.

le 28 au soir avec la division Mortier et une partie de la réserve de grenadiers, dont il a donné le commandement à Soult (1), et poussé ses reconnaissances dans le Muotta-thal, occupé par Rosemberg avec 5 000 hommes. Celui-ci a livré le jour même, pour la possession du pont de Muotta, un violent combat à un détachement du corps de Lecourbe (800 hommes), qui a suivi de près Souwaroff. — Attaqué le 29 par l'avant-garde de Mortier, il la refoule jusqu'à Brunnen. Mais Mortier et Lecourbe s'entendent pour combiner leurs efforts. « Si le général Soult du côté de Glaris, le général Mortier sur le Mutten-thal (ou Muotta-thal) et moi sur le Shäckenthal agissons de concert, écrit Lecourbe à Masséna, nous ferons crever Souwaroff dans les montagnes. » Les gorges et le pont de Muotta sont réoccupés le 30 à la suite d'une lutte acharnée. — Le 1er octobre, le combat reprend, sans que, malgré d'opiniâtres efforts, les Français puissent forcer le passage. Rosemberg, néanmoins, jugeant la position intenable, bat en retraite dans la nuit sur le col de Pragel.

Souwaroff, de son côté, après son échec du même jour devant les ponts de Näfels et de Mollis, s'est convaincu de l'impossibilité de percer plus avant soit vers Zürich, soit vers la Linth. Soult, qui a reçu le commandement des divisions Gazan (ex-Soult), Mortier et Loison (ex-Lecourbe), en l'absence de Masséna retourné à Zürich, a pris ses dispositions pour lui barrer toutes les routes. — Contenu en tête par Molitor et Gazan, serré en queue par Mortier et Loison, le général russe, après deux jours d'hésitations, prend le parti, la rage au cœur, de se replier le 4 sur les Grisons par le Sernft-thal et le Panixen-pass. Sa retraite par des chemins affreux se change bientôt en déroute ; les blessés, les canons, les bagages sont semés sur tout le parcours, tandis que les soldats valides, complètement démoralisés, se livrent à tous les excès. L'arrière-garde, prévenue le 5 à Schwanden par l'infatigable Molitor, y perd 800 hommes et tous ses convois (2).

(1) Soult a le commandement supérieur de l'aile droite en remplacement de Lecourbe, qui vient d'être nommé à l'armée du Rhin.
(2) Voir le rapport de Soult, II, 274 sqq.

Souwaroff gagna Ilanz, puis Coire, avec à peine 10 000 hommes désorganisés.

Quant à l'attaque que le général Strauch devait tenter vers le Simplon, elle avait été facilement repoussée par Turreau.

§ 7. — DERNIÈRES OPÉRATIONS EN SUISSE ET EN ALLEMAGNE

Suisse. — L'armée française s'ébranla sur toute la ligne à la poursuite des alliés. Loison, remplaçant Lecourbe appelé à Strasbourg, remonta le Rhin vers Dissentis en ramassant quantité de prisonniers, tandis que Gudin réoccupait le Saint-Gothard ; Mortier poussa vers Sargans et Mels les débris de Jellachich et de Rosemberg, lequel avait été coupé de Souwaroff ; Gazan prit position à Rheineck et Appenzell pour surveiller Petrasch, successeur de Hotze, qui s'était posté à Feldkirch. — Pendant ce temps Korsakoff, après s'être replié sur Büsingen et y avoir rallié le corps d'émigrés de Condé et le contingent bavarois, se décidait, sur les instances impérieuses de Souwaroff, à attaquer les divisions Lorge et Mesnard qui l'avaient suivi vers la Thur. Le même jour (7 octobre) Masséna, qui était revenu à sa gauche et y avait appelé de Zürich les grenadiers de Humbert, poussait Lorge sur Diessenhofen et Stein, et Mesnard sur Büsingen. Après un engagement assez violent, les Russes furent repoussés des deux côtés sur la rive droite du Rhin.

Le 7 octobre également, Gazan s'empara de Constance, après avoir culbuté en avant de la ville un corps d'émigrés et d'Autrichiens commandé par le duc d'Enghien. A la fin du mois, Loison et Mortier, convergeant sur Tamins, enlevèrent aux alliés ce dernier poste sur la rive gauche du Rhin et les rejetèrent dans les Grisons. La Suisse tout entière était reconquise. — L'armée d'Helvétie, toujours dans le dénûment le plus complet, avait d'ailleurs un pressant besoin de repos ; le pays était dévasté et Masséna à bout d'expédients pour trouver des ressources. Aussi résista-t-il à toutes les objurgations du Directoire soit pour envoyer 30 000 hommes à l'armée du Rhin, soit pour tenter en Souabe une offensive immédiate, et fit-il prendre aux troupes des quartiers d'hiver. Néanmoins, dans les premiers jours de novembre, couvert par la neige du côté des Grisons, il venait de proposer au Directoire un plan d'opérations en Allemagne combiné avec l'armée du Rhin, quand la nouvelle du coup d'État du 18 brumaire (9 novembre) suspendit les hostilités. Le 28 novembre, Masséna, nommé au commandement de l'armée d'Italie, quittait la Suisse. Il était remplacé à l'armée du Danube par Moreau.

De son côté, l'archiduc Charles était venu, à la nouvelle de Zürich, border le Rhin vers Schaffouse. Souwaroff lui fit proposer de Feldkirch un nouveau plan d'offensive en Suisse, mais ses observations le blessèrent et il fut impossible aux deux généraux de s'entendre. Une rupture complète se produisit bientôt. L'archiduc s'établit en cantonnements d'hiver vers Donaueschingen et les sources du Neckar. Souwaroff rallia à Lindau les débris de Korsakoff et les siens, rejoignit à Kempten ses gros bagages arrivant d'Italie par le Tyrol et se mit en marche vers la Russie avec environ 30 000 hommes : c'était tout ce qui restait des 80 000 Russes fournis par Paul Ier à la coalition.

Le tzar épousa le ressentiment de son général contre les Autrichiens, qu'il accusait de l'avoir trahi. Il demanda la mise en accusation de leurs généraux, le rétablissement de la République de Venise et la remise du Piémont au roi de Sardaigne. Dès lors, une rupture était imminente entre l'Autriche et la Russie. Ainsi, la belle victoire de Masséna n'avait pas seulement sauvé la France de l'invasion ; elle allait enlever à la coalition un de ses principaux appuis.

La manœuvre de Zürich suffirait, à défaut d'autres titres, pour immortaliser les noms de Masséna et de Lecourbe. Dans une suite ininterrompue de combats, qui ensanglantèrent pendant quinze jours tous les passages et toutes les vallées, du Saint-Gothard à Zürich, l'armée d'Helvétie avait défait trois corps d'armée, leur avait tué ou blessé 10 000 hommes, leur en avait pris 15 ou 20 000, avec 100 pièces, 15 drapeaux, presque tous leurs équipages et tous leurs chevaux, et détruit le prestige de Souwaroff et des troupes russes (1). Tous les sous-ordres, jusqu'au dernier soldat, Lecourbe et Molitor en première ligne, avaient leur part dans ce beau succès, mais le mérite principal en revenait au général en chef. Avec un sang-froid et une opiniâtreté remarquables, il avait su défendre la Suisse pied à pied, attendre l'occasion favorable pour attaquer lui-même et saisir cette occasion avec un coup d'œil irréprochable. Il avait eu à lutter contre les plans absurdes de Bernadotte, contre le dénûment où il laissait l'armée, contre les terreurs et le mauvais vouloir du Gouvernement suisse, contre la révolte des paysans, et avait fait face à tout avec une indomptable énergie. Pénétré de l'importance de la Suisse dans l'économie du plan de guerre et de la nécessité d'y concentrer la totalité des forces disponibles, il avait défendu son plan contre tout le monde et en avait victorieusement démontré la justesse. Ses mouvements stratégiques avaient été pleins de prudence, de précision et de vigueur. On a déjà répondu (2) au reproche adressé à Masséna de n'avoir pas attiré Souwaroff en Suisse, au lieu de le contenir au Saint-Gothard. La critique que d'autres lui adressent de n'avoir pas su empêcher le général russe de s'échapper n'est pas mieux fondée. Il est certain qu'en se portant avec Mortier et Klein droit sur Glaris et en ralliant Soult au passage, Masséna pouvait l'envelopper et lui fermer toute issue. Mais, comme le remarque Jomini (3), il eût fallu, pour arriver à temps, quitter les parages de Zürich dès le 26 au soir, alors que la victoire était à peine décidée. N'ayant à ce moment, pas plus d'ailleurs que le lendemain, aucune nouvelle de Lecourbe, Masséna pouvait croire son lieutenant écrasé et Souwaroff déjà à Schwyz. En admettant même que Lecourbe eût pu se dégager, il pouvait être fort dangereux de permettre au corps russe de déboucher des montagnes au milieu de nos corps dispersés, en laissant la route de Schwyz ouverte. Dans ces conditions, Masséna eut raison de ne pas compromettre les

---

(1) La perte totale des Français fut de 8 000 hommes.
(2) Voir page 581 en note.
(3) *Précis de l'art de la guerre*, I, 380 sqq.

résultats de sa victoire et d'aller, comme dit Jomini, « au plus sûr ».

Par la justesse de la conception, la vigueur et la précision de l'exécution, la manœuvre de Zürich peut presque soutenir la comparaison avec ce que la campagne de 1796 en Italie offre de plus beau et de plus décisif, et prouve que Masséna avait profité des leçons de son ancien chef. Par la portée de ses résultats diplomatiques et sociaux, elle prend rang, après Valmy, Wattignies et Fleurus, parmi les grandes victoires libératrices de la Révolution.

Allemagne. — Pendant que ces événements se passaient en Suisse, Muller, ayant rassemblé en Alsace environ 18 000 hommes sur les 40 000 qu'il devait avoir, avait réoccupé Mannheim dans les premiers jours d'août et investi Philipsbourg le 30 avec sa division de droite (Laroche). Celle du centre (Legrand) couvrait le siège à Sinzheim et celle de gauche (Collaud) à Heidelberg (1). Le bombardement était activement poussé, quand l'approche de l'archiduc Charles, qui abandonnait à ce moment la Suisse (20 septembre), obligea Muller à replier ses troupes par Mannheim sur la rive gauche du Rhin. Il commit la faute de laisser dans la plaine de Neckarau, pour couvrir Mannheim, la division Laroche, qui fut culbutée par l'archiduc et ne put repasser le fleuve qu'en sacrifiant son arrière-garde. Muller concentra à Dürckheim tous les détachements disséminés sur les deux rives du Rhin, et son adversaire prit position entre le Mein et le Neckar.

Les succès de Masséna rappelèrent bientôt ce dernier sur le Danube. Laissant Schwarzenberg en face de Muller, l'archiduc prit position avec le gros de ses forces à Donaueschingen, prêt à se porter où besoin serait. Sur ces entrefaites, le Directoire confia à Lecourbe le commandement de l'armée du Rhin et dirigea vers ce point tous les renforts destinés à la Hollande, que les succès de Brune rendaient disponibles (2).

Ney, commandant en son absence, ayant réuni 15 000 hommes

---
(1) Voir le croquis n° 71.
(2) Voir ci-dessous, IV.

à Strasbourg, franchit le Rhin, le 11 octobre, en trois colonnes, à Mayence, Oppenheim et Frankenthal, occupa le 18 Mannheim et Heidelberg et reprit le siège de Philipsbourg. Quelques jours après, Lecourbe prit la direction de l'armée. Elle se composait des trois petites divisions Baraguey d'Hillers, Legrand et Ney et d'une réserve de cavalerie sous d'Hautpoul. Il avait laissé Laroche à Düsseldorf et Collaud à Kehl. Son intention était de déborder la position de l'archiduc par la vallée du Neckar, tandis que Masséna le contiendrait de front.

Schwarzenberg recula sur Philipsbourg et fut remplacé par le prince de Lorraine, à qui le prince Charles envoya tous les secours dont il pouvait disposer. Ney ayant poussé avec l'avant-garde vers Heilbronn, la division Gorger se replia derrière l'Enz, entre Bietigheim et Pforzheim, dans une position très forte. Une attaque tentée par Lecourbe avec la division Ney sur la droite ennemie, à Bietigheim, échoua complètement (3 novembre); le prince de Lorraine, renforcé par Meerveldt arrivant de la Kinzig, se reporta en avant et Lecourbe dut se replier entre Schwetzingen et Heidelberg (10 novembre), abandonnant Philipsbourg pour la troisième fois.

Le 16 novembre, bien que n'ayant pas reçu les renforts attendus de Hollande, il reprit l'offensive sur quatre colonnes. La division Ney formait l'avant-garde, la division Delaborde la droite, la division Decaen le centre, la division Baraguey d'Hillers la gauche; d'Hautpoul commandait la cavalerie. Lecourbe refoula partout les Autrichiens, les obligea à reprendre leurs positions derrière l'Enz et investit encore une fois Philipsbourg (1). Mais le nouveau plan d'opérations arrêté par Bona-

---

(1) Napoléon (*Corresp.* XXX, 290) a reproché à Lecourbe : 1° d'avoir tenté, en assiégeant Philipsbourg, une entreprise impraticable, étant donnée la proximité de l'archiduc; de s'être « battu pour se battre » et d'avoir « couru, de gaieté de cœur, le risque d'être jeté dans le Rhin »; 2° de ne pas être resté immobile sur la rive gauche à refaire son armée, puisque Masséna ne débouchait pas; 3° s'il tenait absolument à faire une diversion, de ne pas s'être borné à se fortifier sur la rive droite en avant de Kehl ou de Mannheim, dans une attitude menaçante. Si Lecourbe fut certainement imprudent, il faut se souvenir qu'il était continuellement pressé par le Directoire et n'avait pas l'autorité de Masséna pour lui résister.

parte, qui venait de s'emparer du pouvoir au 18 brumaire (9 novembre), comportant la dissolution de l'armée d'Helvétie, et les mouvements de troupes étant déjà commencés, l'archiduc put envoyer vers Mannheim le général Sztarray avec des renforts importants. Vigoureusement attaqué le 29 novembre, puis le 3 décembre, Lecourbe dut battre en retraite sur Wiesloch, puis sur Schwetzingen et Neckarau. La saison s'avançant et les renforts n'arrivant toujours pas, Lecourbe conclut avec Sztarray (3 décembre) un armistice, qui ne fut pas ratifié par l'archiduc, mais à la faveur duquel il put faire passer toutes ses divisions sur la rive gauche, par le pont de Mannheim, sans être inquiété. — Les deux armées, très fatiguées, prirent leurs quartiers d'hiver.

La campagne d'Allemagne, bien que maladroitement engagée et marquée par une grande défaite, bien que condamnée dès le début à l'impuissance et stérile dans ses résultats, avait procuré une diversion utile au succès de notre armée d'Helvétie et laissait indemne la ligne du Rhin.

III

LA CAMPAGNE D'ITALIE

§ 1. — LA SITUATION. — LA DÉFENSE DE L'ADIGE.

La situation. — A l'ouverture de la campagne, notre situation en Italie était déplorable. La politique d'empiétements du Directoire, qui avait déjà mis la main sur le Piémont, Lucques (1) et Naples, et qui préparait l'envahissement de la Toscane, avait singulièrement augmenté le nombre de nos ennemis et les exactions des commissaires du gouvernement excitaient la colère de nos partisans eux-mêmes (2). Des troubles éclataient partout et les 116 000 hommes que nous maintenions en Italie, répartis dans toute la péninsule, étaient à peine suffisants pour les réprimer. Le royaume de Naples était gardé par 30 000 hommes de vieilles troupes sous Macdonald et se trouvait en pleine insurrection ; 30 000 conscrits tenaient garnison dans

---

(1) Lucques fut occupée par Sérurier le 11 janvier 1799.
(2) Voir GACHOT, 20 sqq.

les places de la Lombardie, du Piémont et de la Vénétie ; 7 000 hommes sous Gauthier garnissaient la frontière de Toscane ; 5 000 sous Dessoles occupaient la Valteline et devaient, comme on l'a vu, appuyer le mouvement de l'armée d'Helvétie sur les Grisons ; enfin 55 000 hommes restaient disponibles pour les opérations actives dans la vallée du Pô (1). Joubert, qui les commandait, inquiet de la situation créée par la négligence du gouvernement et par la sienne propre, demanda son changement et fut remplacé (24 février 1799) par Schérer, alors ministre de la Guerre. Celui-ci arriva à Milan le 12 mars.

Le nouveau général (2), qui avait joué en 1795 sur ce même théâtre un rôle honorable, fut cette fois fort mal accueilli par l'armée, qui l'accusa d'ivrognerie et de prévarications ; il s'aliéna en outre les populations dès son arrivée à Turin en frappant de nouvelles contributions pour remplir les caisses militaires et en signifiant au grand-duc de Toscane la prochaine invasion de ses États. Les Autrichiens ne se pressant pas de prendre l'offensive pour attendre l'entrée en ligne des Russes, et Jourdan ayant déjà franchi le Rhin, il résolut de les prévenir et de déboucher de l'Adige en s'emparant de Vérone (3). Dans cette intention, considérant les montagnes du Bergamasque et du Brescian comme impraticables en cette saison, et comptant sur l'armée d'Helvétie pour couvrir sa gauche, il ne laissa à l'ouest du lac de Garde que 4 bataillons et réunit toutes ses forces entre le Mincio et l'Adige.

Il les répartit en trois corps. La droite (1 division), sous Montrichard, dut attirer l'attention de l'ennemi vers Legnago ; le centre (2 divisions), sous Moreau (4), dut l'immobiliser

(1) Voir le tableau, p. 599.
(2) Voir GACHOT, p. 26 sqq.
(3) Le 25 février, Bernadotte, nommé chef du bureau militaire du Directoire, avait élaboré pour l'armée d'Italie un plan de campagne assez incohérent, où, après avoir comparé la situation de Schérer à celle de Bonaparte en 1796, il concluait à la possibilité de l'offensive avec 70 000 hommes contre 120 000 (GACHOT, p. 27 et 423). Le 3 mars, le ministre de la Guerre Milet-Mureau avait écrit à Schérer de s'emparer au préalable de la Toscane, et Gauthier y était entré le 23, à Florence le 25.
(4) Joubert avait demandé Moreau pour successeur ; mais, le mécontentement du Directoire envers ce général au sujet de l'affaire Pichegru n'étant pas éteint,

devant Vérone; la gauche (3 divisions), sous son commandement, dut culbuter la droite autrichienne entre le lac de Garde et l'Adige, franchir le fleuve vers Polo et prendre Vérone à revers. Le 25 mars, les troupes étaient en position de Legnago à Peschiera (1). — L'armée de Naples, placée sous ses ordres supérieurs, dut s'occuper de pacifier le sud de la péninsule (2).

L'armée autrichienne, forte d'environ 84 000 hommes, dont 60 000 destinés aux premières opérations actives, s'était rassemblée sur la rive gauche de l'Adige, la gauche vers Rovigo, la droite vers Bussolengo. Une avant-garde occupait Santa Lucia et San Massimo en avant de Vérone; un corps de flanqueurs garnissait les hauteurs de Pastrengo, qui avaient été fortement retranchées. En l'absence de Mélas, malade, ces forces étaient commandées par le général Kray; « actif, intrépide, doué d'un grand coup d'œil et d'un sang-froid admirable, dit de lui Jomini, il a tenu incontestablement le premier rang après l'archiduc Charles parmi les généraux autrichiens de ce siècle (3) ». Il voulait attendre, pour prendre l'offensive, d'être rejoint par Souwaroff, qui devait descendre du Tyrol avec 40 000 Russes et ne pouvait arriver avant le 12 avril (4). L'attaque de Schérer le prévint.

A la fin de mars, la situation des forces en présence était la suivante (5) :

on lui préféra Schérer. Moreau accepta de servir en sous-ordre, et cette période de sa vie militaire, malgré les fautes commises, est certainement, comme on le verra, la plus digne d'éloges.

(1) Voir le croquis n° 76 et l'appréciation de Roguet (II, 107), alors chef de bataillon à la 33e (division Hatry). Schérer avait donné le 24 un ordre d'attaque très détaillé (GACHOT, p. 436 à 445), visant à la fois à surprendre le passage de l'Adige, à détruire ce que l'ennemi avait sur la rive droite et à s'emparer de Vérone; il fut sensiblement modifié le 25, par des ordres oraux probablement (*Ibid.*, p. 36). L'ennemi eut connaissance des premières dispositions (*Ibid.*, p. 46).

(2) Napoléon a fait observer (*Corresp.*, XXX, 264) que, le sort de Naples devant se décider sur l'Adige, Schérer aurait dû rappeler à lui cette armée pour mettre 100 000 hommes en ligne. Il faut lire (*Ibid.*) toute sa critique du plan de Schérer.

(3) *Histoire des guerres de la Révolution*, t. XI.

(4) L'organisation de cette armée, commencée à Kiew en janvier 1798, n'avait été achevée qu'en juillet. L'avant-garde (20 000 hommes) ne s'était ébranlée que le 29 septembre et n'avait atteint Brünn, en Moravie, que le 23 décembre, pour en repartir le 1er janvier 1799 (GACHOT, 12 sqq.).

(5) D'après GACHOT, p. 32, n. 2, et p. 427 sqq., pour les Français (situation au 20 mars); d'après JOMINI pour les Autrichiens.

DIVISIONS.	BRIGADES.	BATAILLONS.	ESCADRONS.	EFFECTIFS.	EMPLACEMENTS.
Commandant en chef : Schérer. Chef d'état-major : Musnier. Commandant l'artillerie : Debelle. Commandant le génie : Chasseloup. Inspecteur de l'infanterie : Moreau. Inspecteur de la cavalerie : Beaurevoir. Ordonnateur en chef : Aubernon.					
Corps Schérer. { Sérurier.	Meyer, Gareau.....	7	5	8.328	En avant de Peschiera.
Delmas..	Beaumont, Dalesme.	9	9	9.908	
Grenier.	Quesnel, Kister...	8	3	8.080	
Corps Moreau. { Victor ..	Pijon, Motte (puis Chambarlhac)...	8	6	8.851	En face de Vérone.
Hatry...	Legrand, Charpentier..............	9	6	9.775	
Montrichard.....	Vigne, Gardanne, Richepanse......	8	9	10.187	En face de Legnago.
	Tot. des troupes actives.			55.129	
Dessoles.........		»	»	5.091	En Valteline.
Gauthier.........	Miollis, Vignolles..	»	»	7.397	En Toscane.
»	Foissac, Sainte-Suzanne............	»	»	10.777	Garnisons de la Lombardie.
»	Grouchy, Clausel...	»	»	9.447	— du Piémont.
»	Lapoype...........	»	»	4.819	— de la Ligurie (troupes ligurienues).
	Tot. dans la vallée du Pô.			92.660	
Macdonald......	....	»	»	32.010	Armée de Naples.
	Total en Italie......			124.670	Sans compter les garnisons de Corfou (Chabot), de la Corse (Lafont) et de Malte (Vaubois).
Mercantin........	Klenau, Mitrowsky.	15	8	14.992	Autour de Legnago.
Fröhlich	Lusignan, Lattermann, Doller...	14	14	13.958	Vers Bevilacqua.
Kaim	Elsnitz, Gottesheim, Minkowitz......	8	8	8.534	A Pastrengo et Vérone.
Kray............	Morzin, Hohenzollern.............	6	12	8.084	A Vérone.
»	X..................	9	»	7.323	Garnison de Vérone.
»	Liptay	5	»	4.163	A Arcole.
	Total sur l'Adige....			57.054	
Zoph.............	....	»	»	10.062	En marche pour rejoindre.
Ott..............	....	»	»	4.516	
»	....	»	»	12.489	Garnisons de Venise, Trieste, Trévise et de la Carinthie.
	Total en Italie......			84.121 (*)	

(*) D'après Gachot (p. 41, n.), l'Autriche avait au 10 décembre : en Italie, 60 000 hommes; en Carinthie, 35 000 hommes; en Tyrol italien, 15 000 hommes; en Tyrol allemand, 15 000 hommes; total, 125 000 hommes. Au 1er février, l'armée d'opérations comptait 78 832 hommes (Ibid., p. 42, n.); au 12 mars, 75 539 hommes (Ibid., p. 43, n.) et 94 000 avec les garnisons.

Vérone. — Le 26 mars au matin, les divisions Delmas et Grenier enlevèrent les hauteurs de Pastrengo, défendues par Kaim, après un violent combat, s'emparèrent des deux ponts jetés par les Autrichiens à Polo et refoulèrent l'ennemi sur la rive gauche, tandis que Sérurier, débouchant de Lacize, s'établissait sur le plateau de Rivoli. Pendant ce temps, les divisions Victor et Hatry avaient chassé Liptay de Santa Lucia après une lutte opiniâtre, mais n'avaient pu s'établir à San Massimo, qui avait été pris et repris sept fois. De son côté, Montrichard, après avoir culbuté quelques troupes sorties de Legnago, avait été refoulé en désordre à son tour par le général Kray, débouchant à la tête de forces considérables (divisions Fröhlich et Mercantin). La journée nous coûtait 5500 hommes contre 7150 à l'ennemi (1).

Il fallait poursuivre vigoureusement le succès obtenu à la gauche. Mais, après avoir perdu trois jours et laissé à Kray tout le temps voulu pour amener 10 000 hommes de Legnago à Vérone, le général en chef désespéra de forcer l'Adige en ce point et, contre l'avis de Moreau, décida de faire un vaste changement de front en arrière à droite pour essayer d'aller passer à Albaredo. C'était la caricature de la manœuvre d'Arcole, exécutée dans des conditions bien différentes, puisque cette fois les Autrichiens étaient maîtres des deux débouchés de Vérone et de Legnago. Schérer augmenta la confusion en intervertissant son ordre de bataille, d'où résultèrent pour les troupes des marches épuisantes.

Pour masquer le mouvement de concentration de ses divisions sur Isola-della-Scala, il commit en outre la faute d'ordonner à Sérurier seul une démonstration de Polo sur Vérone par la rive gauche de l'Adige, dans une région où il n'existait que des sentiers impraticables à l'artillerie. Le 30 mars, celui-ci, débouchant de Polo avec ses 7000 hommes, se heurta, à hauteur de Bussolengo, au gros des forces autrichiennes, que Kray,

---

(1) Voir le détail dans GACHOT, p. 48 à 69. Schérer n'accusa que 2 500 hommes contre 8 000 pour les Autrichiens ; les chiffres de Jomini semblent plus exacts. Au dire de Roguet, la division Montrichard aurait été complètement surprise par le feu de la place et se serait débandée en abandonnant son artillerie (II, 109).

discernant notre vrai point d'attaque, avait fait refluer sur Vérone. L'ardeur des troupes les ayant fait s'engager à fond malgré les ordres de Sérurier, elles furent bientôt accablées et rompues; une partie de la division, prévenue aux ponts de Polo, dut mettre bas les armes, et cette échauffourée nous coûta 2 000 hommes.

Magnano. — Kray fit passer immédiatement l'Adige au gros de ses forces, qu'il établit en avant de Vérone, et étendit sa droite vers Peschiera dans le but de nous couper du Mincio. Après avoir tâtonné quelques jours, il poussa, le 4 avril, de fortes reconnaissances sur Buttapietra (1), occupé par le corps de Moreau, dans l'intention d'attaquer le lendemain. Dans l'intervalle, le passage de l'Adige à Albaredo ayant été reconnu impraticable par suite de la hauteur du fleuve, Schérer, sur les instances de Moreau, prit la résolution de se porter à la rencontre de l'ennemi, en faisant un nouveau changement de front. Les divisions Victor et Grenier durent attaquer la gauche autrichienne en remontant l'Adige par San Giovanni et Tomba; Delmas dut les soutenir en remplaçant Moreau à Buttapietra et en marchant sur Câ-di-David; Moreau, avec les divisions Hatry et Montrichard, fut chargé d'attaquer Somma-Campagna et Sona, tandis que les débris de la division Sérurier, placés sous ses ordres, s'empareraient de Villafranca. En réalité, ce n'était pas là un plan (2), et ces marches et contre-marches, à travers les marais et la boue, n'étaient propres qu'à ruiner l'armée.

Le 5 avril, le combat s'engagea vers 11 heures (3). Les troupes autrichiennes s'avançaient en trois fortes colonnes. Celle de gauche (Mercantin, 9 000 hommes) fut refoulée par Victor et Grenier qui s'emparèrent de S. Giovanni. Celle du centre (Kaim, 3 500 hommes) et une partie de celle de droite (division Zoph et brigade Saint-Julien, 10 000 hommes, et division Hohenzol-

(1) Ou Buttapreda. Voir le plan de Kray, dans GACHOT, 76, n. 2.
(2) NAPOLÉON, *Corresp.*, XXX, 265.
(3) On appelle d'ordinaire cet engagement *bataille de Magnano*, du nom du village où se transporta le quartier général français le 4 au soir. Voir le détail dans GACHOT, p. 77 à 88.

lern, 7 000 hommes) assaillirent la division Delmas à sa sortie de Buttapietra et la firent plier. Mais Moreau, tournant à droite, se jeta dans le flanc de ces troupes, les bouscula et poussa vers Vérone jusqu'à S. Massimo, tandis que Sérurier réussissait à s'établir à Villafranca. Les choses allaient donc bien à notre gauche, lorsque Kray, qui avait porté toutes ses réserves (Lusignan et Frœlich, 11 000 hommes) vers Tomba, au secours de Mercantin, se jeta avec des forces considérables sur Grenier et Victor et les refoula sur Isola (1). Schérer, considérant trop vite la bataille comme perdue, ordonna à Moreau d'arrêter son mouvement offensif et de rester en position vers Dossobuono jusqu'à la nuit pour couvrir la retraite, ce que ce général exécuta avec beaucoup de sang-froid et de fermeté. Cette journée, où les divisions françaises, dispersées sur un front immense, avaient combattu chacune pour son compte, coûtait 6 à 7 000 hommes à chacun des deux partis; le général Pijon, qui s'était héroïquement conduit (2), était au nombre des morts.

Tandis que Schérer attaquait l'Adige, le général Gauthier avait occupé Florence sans résistance (25 mars) et Miollis avait pris possession du port de Livourne.

§ 2. — LA DÉFENSE DE L'ADDA

La retraite. — Après avoir renforcé de 6 000 hommes la garnison de Mantoue, refondu en trois divisions (3) (Sérurier, Grenier et Victor) les 28 à 30 000 hommes qui lui restaient et envoyé Montrichard à Bologne pour organiser la résistance dans les Romagnes, Schérer repassa le Mincio à Goïto (7 avril) avec l'intention d'en défendre la rive droite. Mais l'annonce du passage à Valeggio de l'avant-garde de Kray et celle de la marche sur Brescia du corps de Wukassowich, descendant du Tyrol par la vallée de la Chiese, le décidèrent le même jour à

(1) Son véritable objectif aurait dû être d'écraser notre gauche pour nous couper du Mincio.
(2) GACHOT, 85.
(3) De 10 bataillons et 10 escadrons chacune, plus une avant-garde de 5 bataillons et 7 escadrons, sous Laboissière.

se replier sur l'Oglio. Il franchit la Chiese à Asola (10 avril) et gagna la ligne de l'Oglio, où il se disposa à résister. Cette retraite prématurée, que Jomini qualifie de « honteuse », acheva de déconsidérer Schérer aux yeux de ses soldats (1).

Les Autrichiens, dont Mélas venait de prendre le commandement (9 avril), investirent aussitôt Peschiera et Mantoue et ne franchirent le Mincio que le 15 avril. Ce jour-là, ils furent rejoints, en avant de Valeggio, par le maréchal Souwaroff, amenant 20 000 hommes d'élite (divisions Schweikowski, 11 000 hommes, et Bagration, 9 000 hommes), qui prit la direction supérieure des opérations (2). Assez ignorant des principes de l'art de la guerre et s'en préoccupant peu, mais d'une activité, d'une bravoure, d'une énergie incroyables, connaissant admirablement la troupe russe et sachant lui inspirer un dévouement fanatique, excellent éducateur militaire plutôt que grand stratégiste ou grand tacticien, le général russe s'était illustré dans la guerre contre les Turcs et arrivait comme le sauveur de l'Italie. La faiblesse de l'armée française lui donnait beau jeu (3).

Le 19 avril, une partie des forces alliées se dirigea sur Brescia et les 1 200 hommes qui occupaient la ville, après un semblant de résistance, furent forcés de se rendre le 21. Le même jour, Schérer se décidait à se replier sur l'Adda, après avoir fait détruire les immenses ressources accumulées dans Crémone, et l'arrière-garde française était bousculée près de cette dernière ville (4). — Laissant Kray, avec 20 000 hommes, faire les sièges de Peschiera et de Mantoue, Souwaroff poussa

---

(1) Dès le 7, se rendant compte de son impopularité, il avait écrit au Directoire pour lui conseiller de le remplacer par Moreau. Voir cette curieuse lettre dans Gachot, p. 91.

(2) Sur la marche des Russes, voir Gachot, p. 104, n.

(3) « Le maréchal Souwaroff, a dit Napoléon, avait l'âme d'un grand général mais il n'en avait pas la tête. Il était doué d'une forte volonté, d'une grande activité et d'une intrépidité à toute épreuve; mais il n'avait ni le génie, ni les connaissances de l'art de la guerre » (Corresp., XXX, 26J). — « Sa lenteur, ajoute Roguet, de fausses combinaisons, et surtout un excessif amour-propre, sauvèrent les débris de notre armée; s'il avait eu plus de génie, nous étions perdus » (II, 116). — Voir un bon portrait dans Koch (III, 344), le livre récent du général Dragomiroff, Sorel, V, 405 et 409, et Gachot, Souvarow en Italie, 93 sqq.

(4) Dès le 8, Schérer avait envoyé à Macdonald l'ordre de le rejoindre.

ses forces en deux masses sur Bergame (Rosenberg) et sur Trévise (Mélas). Deux corps détachés (Kaim et Hohenzollern) furent dirigés respectivement sur Plaisance et Crémone (24 avril).

Cassano. — Schérer, qui d'ailleurs ne pouvait plus rien espérer devant les forces disproportionnées de ses adversaires, avait adopté, pour défendre l'Adda, de fort mauvaises dispositions et disséminé ses faibles ressources en un cordon de vingt lieues le long du fleuve. Sérurier était à Lecco et prolongeait sa droite jusqu'à Vaprio pour se lier à Grenier en position à Cassano ; celui-ci s'étendait lui-même vers Lodi pour se lier à Victor, lequel défendait cette ville et poussait son extrême droite (Delmas) jusque sur le Pô. Sentant tout ce que sa situation avait de critique, abreuvé de dégoûts et effrayé de sa responsabilité (1), Schérer apprit avec satisfaction que le Directoire avait accepté sa démission et céda le commandement à Moreau, très populaire parmi les troupes (26 avril). L'honneur n'était guère enviable en un pareil moment. En arrivant, à 6 heures du soir, au quartier général d'Inzago, Moreau fut informé que le passage de la rivière venait d'être forcé à Brivio.

Le 25 avril, en effet, l'armée alliée, après avoir emporté Bergame, était arrivée sur les bords de l'Adda et s'était préparée à en forcer le passage le lendemain sur quatre points. Les divisions Rosenberg et Wukassowich avaient été chargées d'attaquer Lecco, les divisions Ott et Zoph Vaprio, Mélas (2 divisions) Cassano (2), les divisions Kaim et Hohenzollern Pizzighettone et Crémone. Le soir même une surprise tentée sur Lecco échoua. — Dans la journée du 26, les Austro-Russes achevèrent de se masser en face des points d'attaque choisis et Hohenzollern, passant le Pô à Crémone, alla faire une incursion dans le duché de Parme. Vers le soir, les alliés établirent des ponts à Brivio et à Trezzo à l'insu des postes français du voisinage. A Brivio, Wukassowich (4 bataillons, 2 escadrons

---

(1) Voir sur l'impopularité de Schérer les *Mémoires* de Soult.
(2) Jomini remarque qu'il eût été plus avantageux d'opérer en masse contre la gauche des Français, le long du Pô, puisqu'on pouvait les devancer ainsi sur leur ligne de retraite, vers Alexandrie et Turin.

et 2 pièces), trouvant la ville inoccupée, passa la rivière le soir même grâce à quelques bateaux oubliés par Sérurier et prit position sur la rive droite. A Trezzo, Ott et Zoph jetèrent leur pont à la nuit tombante sans que le poste qui occupait le village, placé trop loin de la rive, fort escarpée en cet endroit, s'en aperçût ; ils passèrent au petit jour (27 avril) et repoussèrent le poste (1).

Ott et Zoph se heurtèrent bientôt à la division Sérurier, qui, sur un ordre de Schérer, descendait de Lecco vers Cassano, et à la division Grenier, que Moreau avait dirigée sur Brivio en toute hâte pour réoccuper le point forcé. Sérurier et Grenier tentèrent vainement de reprendre Trezzo et, après une action très vive et un succès momentané, furent rejetés, le premier sur Verderio, le second sur Vaprio, puis sur Gorgonzola (27 avril) (2). Dès le 28 au matin, Grenier filait sur Milan, qu'il traversait sans s'arrêter pour gagner Buffalora et Trécate. Sérurier, resté immobile toute la journée à Verderio, y fut attaqué le lendemain 29 par la fraction du corps de Rosenberg (Wukassowich) qui avait franchi l'Adda à Brivio et qui marchait sur Milan. Après avoir soutenu pendant dix heures l'effort de l'ennemi avec moins de 3 000 hommes, entouré de toutes parts, il fut obligé de mettre bas les armes. Comme le remarque Jomini, la résolution prise la veille par Sérurier de rester en position à Verderio, sans prendre part au combat de Vaprio, était « aussi peu militaire que possible », et son échec était la conséquence de son manque de décision.

Pendant ce temps, Mélas avait attaqué le 27 la tête de pont de Cassano, couverte par le Canale Ritorto. Après une vigoureuse résistance, les Français venaient d'être refoulés sur la rive droite et de faire sauter le pont, quand le corps de Ott, qui avait passé à Trezzo, tombant par Vaprio dans leur flanc gauche, les jeta dans le plus grand désordre. Moreau parvint néanmoins à rallier son monde en arrière de Gorgonzola, où Mélas arrêta la poursuite.

(1) Voir le *Journal* de FRICASSE, qui faisait partie de la division Sérurier et bivouaquait à Vaprio, et GACHOT, p. 138 sqq.
(2) Cf. GACHOT, 146 sqq.

Le même jour (28 avril) Rosenberg renouvela son attaque sur la tête de pont de Lecco, où Sérurier avait laissé la 18ᵉ demi-brigade et quelques dragons, sous le chef de brigade Soyez. Tous les efforts de l'ennemi vinrent se briser contre l'admirable résistance de cette poignée d'hommes; dans la nuit, ils franchirent le lac sur quelques barques et parvinrent à rejoindre Moreau derrière le Tessin (1).

Cette désastreuse journée de Cassano nous coûtait près de 9 000 hommes.

Moreau renonça à défendre Milan, où Souwaroff fit une entrée triomphale dans la soirée même du 28 avril, et se replia en trois colonnes, partie sur Plaisance, partie sur Pavie et Turin (2); la direction était mal choisie, puisque le mouvement exposait l'armée à être coupée de l'armée de Naples, dont la jonction immédiate constituait la seule chance de salut qui restât. « Il faut toujours, a dit Napoléon, opérer sa retraite sur ses renforts. »

§ 3. — LA DÉFENSE DU PÔ

Alexandrie. — Souwaroff poursuivit son avantage sans beaucoup d'activité et très maladroitement (3). Il envoya de gros détachements dans les hautes vallées de l'Adda, de l'Agogna et du Tessin pour essayer de se relier aux corps qui opéraient en Suisse; il chargea Rohan et Strauch (6 000 hommes) de surveiller le Gothard, Lattermann (4 800 hommes) de bloquer la citadelle de Milan, Kaim d'assiéger par la rive droite Pizzighettone que Hohenzollern et Seckendorf bombarderaient de la rive gauche; il dirigea les divisions Klenau et Ott sur Modène, Bologne et Ferrare, pour en chasser les garnisons françaises et barrer l'Apennin à l'armée de Naples; il renforça le corps de Kray chargé des sièges de Peschiera et de Mantoue; il confia à Mélas, laissé à Milan, le soin de réorganiser l'adminis-

---

(1) Cf. GACHOT, p. 129 à 135.
(2) *Ibid.*, 155 sqq.
(3) Voir le croquis n° 77.

tration du pays conquis et de lever des bataillons de volontaires sous la conduite d'officiers autrichiens, et ne suivit en personne l'armée française, vers Pavie et Novare. qu'avec environ 41000 hommes (divisions Zoph 4700 hommes; Kaim 4900, Fröhlich 6550, Wukassowich 7900, Rosenberg 4900, Schweikowski 6850, Forster 5800).

Moreau, à qui il restait tout au plus 20000 hommes, après s'être arrêté quelques jours à Turin pour préparer la résistance (1) et l'évacuation des magasins, quitta la ville le 7 mai avec sa gauche et, profitant du répit que lui laissait Souwaroff, se reporta vers Tortone où il rallia les détachements ayant passé par Plaisance. Hohenzollern, franchissant le Pô à Plaisance, s'avança par la rive droite jusqu'à Voghera et occupa par sa gauche Bobbio pour surveiller les passages de l'Apennin. Wukassowich, s'avançant par la rive gauche du fleuve, occupa tout le pays jusqu'à Ivrée, puis descendit sur Chivasso et Turin, menaçant de tourner notre aile gauche. Le 7 mai Peschiera et le 10 Pizzighettone, défendues par de faibles garnisons, furent obligées d'ouvrir leurs portes (2).

Moreau, se sentant trop en l'air à Tortone, s'était replié (7 mai) dans le coude du Pô et du Tanaro, entre Valenza et Alexandrie, étendant sa gauche vers Casale et sa droite vers Asti. Souwaroff manœuvra pour le déloger de cette position (3). Il occupa Tortone le 10 mai, avec trois divisions (Fröhlich, Zoph. Forster) et bloqua la garnison française dans la citadelle. Le 11, Rosenberg essaya de déboucher sur la rive droite au-dessus de Valenza, vers Lazzarone, et fut repoussé par la division Grenier. Le 12, une tentative plus vigoureuse fut faite à Bassignana par la brigade Tchoubaroff; mais Grenier et Victor, après un engagement très vif et quatre assauts successifs, reje-

---

(1) Fiorella s'enferma dans la citadelle avec 3400 hommes.

(2) On trouva dans la première 1500 hommes et 100 pièces, dans la seconde, 600 hommes et 95 pièces.

(3) « Si dans cette position, dit Gouvion-Saint-Cyr. Moreau avait été attaqué par un général habile, en deux jours son armée eût été détruite... ; mais Souwaroff ne comprit pas la fâcheuse position de l'armée française; au lieu de l'attaquer à fond, il ne fit que la harceler. » (I. 203.)

tèrent encore l'ennemi au delà du Pô avec perte de 1500 à 2000 hommes (1). Dégoûté de l'attaque de front, Souwaroff ordonna à Wukassowich, Rosenberg et Mélas de se porter sur Casale et Pontestura, tandis que Kaim (revenu de Pizzighettone), Lusignan (brigade de la division Fröhlich) et Bagration (division Schweikowski), tenteraient de tourner Alexandrie par le sud.

Le mouvement eut lieu le 16 mai. Le même jour Moreau, soupçonnant le projet de son adversaire, tentait de l'immobiliser en débouchant avec sa droite d'Alexandrie sur Marengo et Tortone. Après quelques succès, il fut rejeté par Lusignan sur la rive gauche du Tanaro avec une perte de 500 hommes (2). Bientôt, apprenant que Casale était menacé et que la gauche des alliés s'étendait vers Novi, il évacua son camp le 17 mai, au moment même où Souwaroff prenait la résolution de gagner Turin par la rive gauche du Pô et dirigeait le gros de ses forces sur la Sesia. Afin d'assurer le débouché de l'armée de Naples sur Gênes, Moreau dirigea immédiatement Victor sur cette ville, par Acqui, Spigno et Dego, pour renforcer Pérignon qui venait d'y arriver avec une division de l'intérieur. Lui-même, précédé de deux colonnes mobiles chargées de déblayer le pays, en pleine insurrection (3), se dirigea sur Asti avec 8000 hommes. Il y apprit la honteuse reddition de Céva, et, craignant de ne pouvoir atteindre Gênes, fit filer aussitôt sur Fénestrelle et Briançon sa grosse artillerie et ses bagages; il gagna ensuite les environs de Fossano. On peut se demander cette fois encore pourquoi il ne marchait pas sur Gênes par le plus court, puisqu'il y avait bien envoyé Victor (4). Un détachement alla reprendre Mondovi aux insurgés (20 mai); mais tous les efforts de Grouchy pour rentrer dans Céva furent repoussés.

(1) Cf. GACHOT, 194 sqq. Victor n'arriva que quand tout était fini (*Ibid*, 198).
(2) Chiffre donné par Jomini. Certains auteurs attribuent à Moreau dans le combat de Marengo une perte de 3000 hommes. Cf. GACHOT (p. 202 sqq.) qui donne 569 hommes (p. 204).
(3) Voir à ce sujet GACHOT, 159 à 178.
(4) Celui-ci avait éprouvé, il est vrai, les plus grandes difficultés à Acqui, Dego et Cairo. Voir GACHOT, 176.

La résistance de Moreau à Alexandrie avait du moins permis à l'armée de Naples de se rapprocher de Gênes et à Pérignon d'occuper solidement les passages des montagnes en avant de la ville (1).

La retraite sur Gênes. — Souwaroff continua le système de guerre démodé qu'il avait suivi jusqu'alors et s'étendit dans toutes les directions pour s'emparer des places. Les garnisons, fortes au plus de 1 000 à 2 000 hommes, composées pour la plupart de conscrits ou de Piémontais sur lesquels on ne pouvait compter, découragées aussi par les nouvelles de deux mois de revers ininterrompus, se rendirent presque toutes à la première sommation. Tandis que Klenau s'emparait de Ferrare (24 mai), de Ravenne (26), de Rimini, de Lugo et marchait sur Bologne, Lattermann bloquait le château de Milan (qui se rendit le 24 mai) et Haddick repoussait de Lugano sur Bellinzona (19 mai) la brigade Loison détachée de ce côté par Lecourbe (2). Le gros de l'armée alliée marcha sur Turin par les deux rives du Pô, occupa la ville le 26 mai et bloqua (division Kaim) les 3 000 hommes de Fiorella dans la citadelle. Bellegarde, descendant du Tyrol avec 15 ou 20 000 hommes (3), gagna Tortone, par Milan et Pavie, et en assiégea la forteresse. Les troupes disponibles furent dirigées, la division Wukassowich sur Mondovi et Céva, celle de Bagration vers Suse, la brigade Lusignan (division Fröhlich) vers Pignerol, les vallées vaudoises et Fénestrelle, le reste de la division Fröhlich vers Fossano et Coni. Des partis de cosaques pénétrèrent jusqu'aux frontières du Dauphiné et y répandirent la terreur.

Souwaroff arriva devant Coni le 7 juin. Moreau, sans oser l'attendre, s'était déjà replié au delà de l'Apennin. Mais, ne pouvant passer par Céva et ne voulant pas faire le détour de Tende, de peur de trop s'éloigner de Victor et d'être coupé de Gênes, il avait gagné la vallée du Tanaro et s'était ouvert en trois jours, à travers le col de S. Bernardo, une route praticable à l'ar-

---

(1) Voir dans ROGUET (II, 127 sqq.) l'expédition conduite par lui sur Pieve et Oneille, le 28 mai.
(2) Voir page 568.
(3) Voir page 570.

tillerie de campagne. Le 6 juin, ses 8000 hommes étaient rassemblés à Loano. Aussitôt, Moreau dirigea Victor sur Pontremoli, Laboissière sur Gênes et échelonna le reste de ses troupes entre Savone, Altare et Bardinetto (1).

Ainsi, soixante-dix jours après le commencement des hostilités sur l'Adige, les Austro-Russes étaient arrivés au seuil des frontières de la France : l'Italie se trouvait conquise par Souwaroff en moins de temps qu'il n'en avait fallu à Bonaparte (2)!

Un nouvel effort pour la lui arracher allait être tenté.

§ 4. — LA MANŒUVRE DE PLAISANCE

L'armée de Naples. — Avant de quitter le commandement de l'armée de Naples (3), Championnet avait dû ordonner à Duhesme d'envahir la Pouille, que l'on considérait comme le grenier de la capitale et qui se trouvait en pleine insurrection. Par une conduite aussi énergique qu'habile, Duhesme avait à peu près pacifié la contrée, quand Macdonald, successeur de Championnet, le rappela (5 mars). L'insurrection reprit aussitôt de plus belle et nécessita une nouvelle expédition conduite par Broussier, qui s'empara d'Andria (22 mars) et de Trani (2 avril) après des combats meurtriers. La Pouille était de nouveau soumise, lorsque Duhesme et Broussier, partageant la disgrâce de leur ancien chef, furent destitués (milieu d'avril) et leurs troupes ramenées sous Naples.

Macdonald venait enfin de recevoir de Schérer (14 avril) l'ordre, en date du 8, d'évacuer la région et de le rejoindre dans la vallée du Pô. Après avoir repoussé un débarquement tenté par la flotte anglaise à Castellamare (27-30 avril) et laissé 6000 hommes de garnison à Naples (Méjean, 900 hommes), Capoue (Girardon, 3000 hommes), Gaëte (Berger, 1500 hommes) et Pescara, il réunit le reste de ses troupes (environ 20 000 hommes

---

(1) Il arriva de sa personne à Gênes le 3 juin. GACHOT, p. 300.
(2) Il est inutile d'insister, croyons-nous, sur la comparaison que quelques écrivains militaires du commencement du xixe siècle ont osé tenter entre les deux campagnes.
(3) Voir page 544.

et 30 pièces) à Caserte et leva son camp le 7 mai (1). Le quartier général, l'artillerie, la cavalerie et la réserve du général Watrin prirent la route qui longe la côte ; les divisions Lemoine et Olivier (ce dernier remplaçant Duhesme) passèrent par S. Germano et Isola, où elles durent livrer de violents combats aux insurgés qui voulaient leur barrer le chemin (11 et 12 mai)(2). Les deux colonnes se rejoignirent le 16 mai à Rome, où on laissa les gros bagages et une garnison de 2600 hommes. Marchant ensuite avec la plus grande diligence par Viterbe Bolsena, Acquapendente, Radicofani, Buonconvento, Sienne et Barberino, Macdonald atteignit Florence le 26 mai, où il rallia la division du général Gauthier (3), ainsi que tous les détachements épars dans le Bolonais et les Romagnes. Ces troupes formèrent une division de 9 à 10 000 hommes qui fut mise sous le commandement de Montrichard, envoyé, comme on l'a vu, par Schérer à Bologne après le licenciement de sa division. Macdonald se vit dès lors à la tête de 30 000 hommes ainsi répartis (4) :

Commandant en chef : MACDONALD.
Chef d'état-major : Léopold BERTHIER.

DIVISIONS.	BRIGADES.	DEMI-BRIGADES d'infanterie.	RÉGIMENTS de cavalerie.	EFFECTIFS.
»	Salme (*) (avant-garde)...	3	1	4.227
1re Olivier.......	Cambray, Forest......	2	2	4.523
2e Rusca.......	Kellermann / Calvin	3	2	5.460
3e Montrichard...	Clausel...............	4	5	5.963
4e Watrin........		2	1	5.833
5e Dombrowski...	(Polonais)...........	2	1	3.555
Parc............		»	»	526
		16	12	30.087

(*) Appartenait à la division Montrichard.

(1) Napoléon se trompe en indiquant que le départ eut lieu le 2 mai (*Corresp.*, XXX, 259) ; la critique qu'il adresse à Macdonald de n'être pas parti dès le 15 avril n'en est que plus forte. Toutefois, la dispersion des forces de Macdonald et la nécessité pour lui d'opérer sa retraite sans être serré de trop près justifient dans une certaine mesure le délai apporté au mouvement.
(2) Voir le croquis n° 70.
(3) Voir page 602.
(4) Situation du 8 juin, GACHOT, 446 sqq. Les chiffres de Jomini sont un peu différents, mais le total (29 926 hommes) est sensiblement le même.

Il s'occupa immédiatement de rétablir ses communications avec Gênes qui étaient interceptées.

Le plan. — Le général Kray, chargé du siège de Mantoue, avait reçu le 19 mai, de Souwaroff, l'ordre de convertir le siège en blocus, de réunir toutes ses troupes disponibles aux divisions Klenau, Ott et Hohenzollern envoyées vers Plaisance et Parme et de s'opposer au débouché de Macdonald (1). Il l'exécuta maladroitement et dissémina ses forces. Il échoua devant Bologne, occupa Forli, Lugo et Rimini, laissa Hohenzollern et Klenau vers Plaisance et Parme, et ordonna à Ott, en position à Fornoue, de s'emparer des points importants de Pontremoli, Carrare et Massa, qui commandaient la route directe de Gênes. Mais Macdonald, aussitôt réorganisé (4 juin), poussa sa droite (Montrichard) vers Bologne et Modène et refoula Klenau sur Parme, tandis que sa gauche (Dombrowski) réoccupait Massa, Carrare et Pontremoli et faisait sa jonction avec Victor (6 000 hommes) arrivant de Gênes (30 mai). Les communications de l'armée de Naples étaient rouvertes.

La jonction des deux masses françaises pouvait s'opérer sans encombre par le littoral et, comme l'a dit Napoléon, « les principes de l'art de la guerre n'admettaient aucun autre plan (2) ». Mais le mauvais chemin qui bordait la côte nécessitait le transport par mer de Livourne à Gênes, en présence de la flotte anglaise, de l'artillerie de l'armée de Naples. En outre, cette jonction ainsi opérée avait l'inconvénient d'accumuler nos forces dans un espace resserré, de les obliger à retraverser l'Apennin pour prendre l'offensive et de les mettre, sous le rapport des subsistances, dans une situation assez critique.

Sous l'influence de ces considérations, en réalité très secondaires, Macdonald proposa alors à Moreau une manœuvre audacieuse qui pouvait avoir de grands résultats, mais qui était excessivement risquée. Les forces des coalisés formaient deux

---

(1) Voir le croquis n° 78.
(2) *Corresp.*, XXX, 267. — Voir également Saint-Cyr, I, 212. Jomini et l'archiduc Charles sont d'un avis différent; voir la discussion de A. G., *Maximes de Napoléon*, p. 43 sqq.

grands corps, l'un, sous Kray, disséminé de Plaisance à Ravenne, l'autre, sous Souwaroff, disséminé dans le Piémont, de la manière suivante :

Kray, 24.000 hommes.	Klenau..........	6.000 hommes,	entre Bologne et le Panaro.	
	Hohenzollern....	5.000	—	à Modène.
	Ott..............	6.000	—	à Fornoue.
	Kray............	7.000	—	à Mantoue.
Souwaroff, 65.000 hommes.	Zoph............			
	Kaim............	30.000	—	sous Turin.
	Rosenberg.......			
	Fröhlich.........	5.000	—	à Fossano.
	Wukassowich....	5.700	—	à Mondovi, Céva et Acqui.
	Lusignan........	3.000	—	à Fénestrelle.
	X...............	7.000	—	sous Alexandrie et Tortone.
	Bellegarde.......	15.000	—	en marche sur Tortone.
	Haddick.........	10.000	—	dans la Levantine.

En se jetant entre Kray et Souwaroff avec toutes leurs forces, les généraux français pouvaient espérer les battre successivement. Macdonald soumit donc à son collègue le projet (1) *de déboucher par Modène sur Reggio et Parme*, tandis que Moreau, suivant la route déjà prise par Victor, *déboucherait sur le même point par Pontremoli et la vallée du Taro*. Les deux armées, réunies entre Parme et Plaisance, se porteraient alors soit sur Mantoue pour accabler Kray, soit sur Alexandrie et Milan pour prendre Souwaroff à revers. — Si l'idée de l'action *en masse* contre chacune des fractions ennemies était excellente, la jonction préliminaire avait le grave défaut, dans le projet de Macdonald, de s'exécuter *en avant et près de l'ennemi*, violant ainsi un principe de guerre fondamental et facilitant à l'adversaire une manœuvre en lignes intérieures identique à celle qu'on préparait contre lui.

Moreau acquiesça à ce plan ; il fit répandre partout le bruit d'une offensive de son armée sur Alexandrie et concentra vers Gênes environ 20 000 hommes. Macdonald, qui, renforcé par Victor, comptait près de 37 000 hommes (2), reprit son mou-

(1) Il ressort du témoignage de Macdonald dans ses *Souvenirs* que le plan venait de lui. Moreau, qui avait le commandement supérieur, n'aurait fait que l'approuver. Par suite du mouvement de ce dernier vers Coni, Macdonald ne reçut sa lettre que le 6 juin.

(2) La division Victor (brigades Grandjean et Charpentier) comptait 5 demi-brigades d'infanterie et 1 régiment de cavalerie, au total 6 750 hommes.

vement le 9 juin. La droite (divisions Montrichard et Rusca) s'avança de Bologne sur Mirandole ; le centre (Olivier), suivi par la réserve (Watrin), de Pievepelago sur Modène ; la gauche (Victor et Dombrowski), de Pontremoli sur Fornoue et Reggio. — Le 11 juin l'avant-garde de la division Olivier (Salme) rencontra Hohenzollern vers Sassuolo et lui livra un combat indécis. Mais le surlendemain (13) toute la division entra en ligne et, après une lutte opiniâtre où Forest, commandant la cavalerie, fut tué et Macdonald blessé, culbuta le corps autrichien au delà de Modène. Hohenzollern, qui ne disposait que de 5 bataillons et 6 escadrons (environ 5 000 hommes) (1), fit une résistance des plus honorable ; menacé à la fin d'être coupé de Mirandole par Montrichard, il ne fut dégagé que par l'intervention de Klenau, qui arrêta ce dernier et suivit ensuite la retraite de son collègue vers Ferrare.

Après ce succès (2) Macdonald aurait pu tenter de forcer le passage du Pô, que Kray garnissait avec à peine 10 000 hommes, et de débloquer Mantoue. Comptant sur la coopération de son collègue, il détacha Olivier, puis Montrichard, vers Mirandole et San Benedetto pour observer Hohenzollern et Klenau, et préféra marcher sur Plaisance. Il y arriva le 16, en poussant devant lui la division Ott, mais n'y trouva pas Moreau. Celui-ci, en effet, après réflexion, avait jugé le plan de son collègue trop audacieux, avait craint de perdre ses communications avec Nice et était resté à Gênes, se contentant de détacher vers Bobbio le petit corps de Liguriens (4 000 hommes) commandé par le général Lapoype. C'était mettre Macdonald dans une position critique, car Souwaroff, instruit des progrès de ce dernier et réparant promptement ses fautes, n'avait laissé à Turin, Alexandrie, Tortone que les forces strictement nécessaires pour le maintien du blocus, avait chargé Bellegarde de contenir Moreau, et, après avoir concentré à Asti ses forces disponibles, s'était mis en marche

(1) Chiffre de Jomini, confirmé par GACHOT, p. 220.
(2) Les Français avaient perdu 700 hommes, les Autrichiens 1 400, plus 1 100 prisonniers, 3 drapeaux et 12 pièces.

vers l'ennemi le plus menaçant (1). Il pouvait disposer des forces suivantes :

		Bataillons.	Compagnies de chasseurs.	Escadrons.	Régiments de cosaques.
Russes	Division Bagration	6	»	6	4
	— Schweikowsky	8	»	6	»
	— Forster	8	»	»	»
Autrichiens.	— Fröhlich	10	»	6	»
	— Ott	7	4	8	»
		39	4	26	4

Au total 28 428 fantassins et 6 586 cavaliers (2).

En outre, le corps de Klenau (4 000 hommes) à Ferrare et celui de Hohenzollern (5 000 hommes) passé sur la rive gauche du Pô pouvaient intervenir dans la lutte. — Le 17 juin son avant-garde atteignit Castel-San-Giovanni.

§ 5. — LA TREBBIA (3)

Journée du 17 juin. — Macdonald commit la faute de ne pas chercher à se relier à Moreau en appuyant autant que possible vers les montagnes, du côté de Bobbio, et d'aller en plaine au-devant de la bataille que Souwaroff venait lui offrir avec des forces très supérieures, surtout en cavalerie. Il abordait le défilé de Stradella avec des divisions très échelonnées, qui ne lui permettaient, en cas de résistance, que des efforts successifs.

Le 16 en effet Victor atteint le Tidone, Rusca et Dombrowski sont sur la Nura, Watrin à Fiorenzola, Montrichard et Olivier très loin en arrière à droite. L'excuse de Macdonald, s'il peut en avoir une, est qu'il a supposé son collègue déjà arrivé à Plaisance et qu'il s'est cru couvert en tête du côté de Stradella.

L'absence de Moreau au rendez-vous fixé exige des mesures de prudence immédiates et une concentration des forces qui malheureusement n'est pas ordonnée. Le 17 juin, la division Victor franchit le Tidone, repousse Ott au delà de la rivière et

---

(1) Cf. GACHOT, p. 237, n. 1.
(2) GACHOT, 239 eu n. et 244 n.
(3) Voir le croquis n° 79 et celui plus complet donné par M. GACHOT (p. 259). Voir dans le même auteur (p. 229 sqq.) la description du champ de bataille. M. Gachot écrit « Trebia ».

le fait poursuivre vers Castel-S.-Giovanni par les troupes légères de la brigade Salme. La division Victor est commandée ce jour-là par le général Charpentier, son chef étant resté à Plaisance à l'insu de Macdonald. Celui-ci, ignorant ce qu'il a devant lui, ne songe aucunement à engager l'action avant d'avoir tout son monde sous la main. Mais, affaibli par sa blessure récente, il n'a pas donné d'ordres d'ensemble et, apprenant l'avance prise par la division Victor, s'est hâté de la faire soutenir par Rusca et Dombrowski. — Mais vers 4 heures l'entrée en ligne de Mélas à la tête des divisions Bagration, Rosenberg et Fröhlich, oblige bientôt nos trois divisions à se replier sur la rive droite du Tidone. Souwaroff tente de suite l'attaque de cette rivière, guéable partout; mais le feu de l'artillerie française arrête ses colonnes et il remet l'opération au lendemain. Ses troupes s'établissent sur la rive gauche du Tidone, au contact des avant-gardes de Victor, Rusca et Dombrowski, bivouaqués à 3 kilomètres de la Trebbia, de Calendasco à Casaliggio.

Journée du 18. — Le lendemain l'armée française vient se ranger tout entière sur cette position, la division Olivier à droite près du Pô, les divisions Montrichard et Victor au centre, les divisions Dombrowski et Rusca à gauche, la réserve (Watrin) en arrière de la droite. La gauche ennemie est formée par la division autrichienne Ott qui doit déboucher par P^{te} Tidone; le centre, par les divisions Forster et Fröhlich, sous Mélas, débouchant plus en amont; la droite par les divisions russes Bagration et Schweikowsky, sous Rosenberg, qui déboucheront plus en amont encore. Comprenant de quel prix est pour l'adversaire l'appui des montagnes, Souwaroff a résolu de porter de ce côté le principal effort (1) et les dispositions de Macdonald favorisent ses projets. Il a assuré la retraite sur la rive gauche du Pô en cas d'échec et l'arrivée des renforts appelés de Mantoue (3 bataillons, 6 escadrons) par un pont de bateaux jeté à Parpanese.

Dans la matinée et l'après-midi, comme on l'a dit, les divisions Montrichard, Olivier et Watrin ont passé la Trebbia et rejoint

---

(1) Voir son ordre de bataille dans GACHOT, p. 244, n.

sur la rive gauche celles de Victor, Rusca et Dombrowski. Le choc n'a lieu que vers une heure (1). Après une vive canonnade, on en vient aux mains à la baïonnette sur toute la ligne. Le principal effort des coalisés se porte du côté de leur droite appuyée aux montagnes, vers Rivalta, pour couper l'adversaire de ses renforts. Enfin, après une lutte qui se prolonge jusqu'à la nuit, les Français doivent rétrograder sur la rive droite de la Trebbia.

Macdonald, à la suite de ce combat très honorable pour lui, devrait s'en tenir là et, convaincu de l'impossibilité de repousser Souwaroff, gagner Gênes par le revers de l'Apennin. Mais, s'attendant à voir déboucher Moreau d'un moment à l'autre en avant de sa gauche et ne croyant pas, en cas de réalisation, le succès douteux (2), il craint de compromettre son collègue par une retraite prématurée et prend la résolution de prolonger encore la lutte.

Journée du 19. — Le 19 au matin, vers 10 heures, l'armée française repasse la Trebbia sous le feu de l'ennemi (3) et s'empare de ses batteries. Un combat acharné s'engage sur toute la ligne. Au centre, la division Montrichard, après s'être avancée jusqu'à Gragnano (4), est enfoncée par une charge heureuse de la cavalerie autrichienne et doit repasser la Trebbia, entraînant avec elle les divisions Victor et Rusca. A gauche, celui-ci, après avoir poussé jusqu'à Tuna, doit suivre le mouvement rétrograde. Plus à gauche encore, Dombrowski, après avoir écrasé une division russe vers Rivalta, découvert par la retraite du centre, est enveloppé et perd 1500 hommes. A droite, Olivier et Watrin, après un

(1) GACHOT, p. 249 sqq. Montrichard et Olivier n'atteignirent la Trebbia qu'à 2 heures (*Ibid.*, 252).

(2) « Je demeure convaincu, écrit-il dans ses *Souvenirs*, à près de vingt-cinq ans que ces événements ont eu lieu, que les succès étaient infaillibles, s'il n'y avait pas eu de l'hésitation de la part de Moreau. »

(3) Dans la nuit, Souwaroff a été renforcé par 3 bataillons et 6 escadrons venant de Mantoue et 2 baaitllons venant de Valenza, au total 4500 hommes.

(4) Montrichard, qui s'est déjà attiré de vifs reproches de Macdonald après le combat de Modène pour son manque de soin, commet une nouvelle faute grave. Sa division ne peut être prête qu'à midi, alors que l'action est fixée à 10 heures du matin, et lui-même la laisse s'engager sans en prendre le commandement.

avantage sérieux sur le corps de Ott, doivent reculer à leur tour au bout de neuf heures de combat. Les divisions se rallient sur la rive droite et repoussent tous les efforts de Souwaroff pour y prendre pied.

Macdonald ne s'avoue pas encore battu, mais un conseil de guerre tenu à Borgo-San-Antonio juge la retraite indispensable. L'armée a perdu plus de 9000 hommes, presque tous les généraux sont blessés, les munitions sont épuisées et l'on n'a aucune nouvelle de Moreau. Le mouvement commence dans la nuit sur trois colonnes, deux d'entre elles suivant les côtés de la grande route de Parme, la troisième le pied des montagnes, les bagages filant devant sur Bologne, sous la protection de la division Montrichard. La division Dombrowski, qui forme l'arrière-garde de la troisième colonne, ne se met en marche qu'à minuit et demi. Atteinte le 20, dans la matinée, à San Giorgio, sur la Nura, par la cavalerie de Souwaroff, elle défend vigoureusement le passage de la rivière, mais est enfin forcée et perd la 17ᵉ légère, qui est tout entière détruite ou prise (1). Le reste de la division, pris de panique, se disperse peu après, abandonnant son artillerie, et ne se rallie qu'à Pontremoli. Les pièces sont heureusement recueillies par la colonne du centre, que Macdonald a fait rétrograder.

La bataille nous a coûté 1600 morts et 7685 blessés, contre 5300 hommes à l'ennemi (2).

La diversion. — Pendant ce temps, Lapoype, négligeant totalement de s'éclairer, est resté à Bobbio dans une immobilité complète. Il s'ébranle enfin le 20 juin vers Plaisance, par la vallée de la Nura, se heurte à la cavalerie des alliés et est rejeté dans la vallée du Taro. Il y rallie Victor et prend position avec lui aux cols des Cent-Croix et de Cisa.

De son côté Moreau n'est pas resté inactif, mais, au lieu de déboucher sur Bobbio, il s'est contenté d'exécuter une diversion sur la Bocchetta et Novi. Le 18 juin, avec 14 000 hommes (3),

---

(1) Gachot, p. 283 et 284.
(2) *Ibid.*, p. 275.
(3) Et non 25 000, comme dit Mathieu Dumas. — Cf. Gachot, p. 302 sqq.

il a attaqué Bellegarde qui couvrait le siège de Tortone avec un corps à peu près de même force, l'a obligé à replier tous ses postes et l'a rejeté sur la Spinetta. Le 19, il s'est étendu lentement vers Castel Nuovo et Rivalta. Le 20, il a enlevé San Giuliano et refoulé l'ennemi sur la rive gauche de la Bormida avec perte de 3000 hommes. Mais, instruit dans la soirée par Lapoype de la défaite de Macdonald et de l'approche de Kaim, accourant de Turin dont la citadelle vient de se rendre, il s'est replié le lendemain sur Tortone, puis sur Gênes.

Informé le 22 juin à Fiorenzola de la pointe, puis de la retraite de Moreau, Souwaroff, pressé de prendre la route de la France, charge Ott du soin de suivre l'armée de Naples avec 9000 hommes et revient lui-même sur ses pas. Il est le 24 à Plaisance, qu'il laisse saccager, le 25 sur la Scrivia, le 27 à Alexandrie. Il rallie Bellegarde et le corps de Kaim, rendu disponible par la chute de la citadelle de Turin, et se trouve à la tête de 40000 hommes. De son côté, après avoir culbuté le 23 à Rubierre, sur la Secchia, le corps de Klenau qui essayait de l'arrêter, Macdonald a gagné Pistoïa et Lucques, par Sassuolo et le col Pelegrino. Jugeant impossible de se maintenir en Toscane, il évacue Florence le 8 juillet, en emmenant toutes les garnisons du pays, embarque son artillerie et ses bagages à Livourne et gagne Gênes en suivant la côte avec 17000 hommes (1). Il laisse ses troupes à Moreau et, très fatigué de ses blessures, part pour Paris sur l'invitation du Directoire. Son collègue laisse Colli en position à la Bocchetta avec une division piémontaise et échelonne le reste de ses troupes entre Voltri, Savone, Vado et Loano. Souwaroff, qui a reçu de l'empereur l'ordre formel de ne pas reprendre l'offensive avant de s'être emparé de toutes les places qui tiennent encore, prend position sur l'Orba pour couvrir les sièges des citadelles

(1) « Je ne sais, dit Soult, si la retraite de la Trebbia à Gênes ne fait pas plus d'honneur au général Macdonald que sa marche de Naples à la Trebbia. Pour moi, je donne encore plus de prix à la seconde partie de ce beau mouvement qu'à la première, quoique cette première partie ait déjà été digne de tous les éloges. » (II, 149.)

d'Alexandrie et de Tortone. Au 15 juillet, ses corps occupent les emplacements suivants :

CORPS.	BATAILLONS.	ESCADRONS.	EFFECTIFS.	EMPLACEMENTS.
Armée d'observation	38	50	45.610	Rivalta.
Bellegarde	12	6		Blocus d'Alexandrie.
Alcaini	6	1		— de Tortone.
Rehbinder	9	8	8.200	En marche pour rejoindre.
Kray	41	6	27.280	Devant Mantoue.
Ott et Klenau	5	16	5.920	Modène et Bologne.
Kaim	11	12	13.800	Turin et environs.
Haddick	19	5	14.600	Valais et Levantine.
	141	104	115.410	dont 100 000 présents sous les armes.

Le 22 juillet, Gardanne rend Alexandrie, devant laquelle est tué le marquis de Chasteler, chef d'état major de l'armée alliée. Le siège de Mantoue, repris après la bataille de la Trebbia et vigoureusement poussé par Kray avec 600 pièces d'artillerie, amène la chute de la place le 30 juillet. La garnison, réduite de 11 800 hommes à 7300, rentre en France à condition de ne pas servir pendant un an ; le gouverneur Foissac-Latour, qui s'est vigoureusement mais durement conduit, sera accusé à Paris de trahison (1).

Observations. — Ainsi, la seule manœuvre qui aurait pu, durant cette campagne, rétablir nos affaires en Italie, la jonction des armées de Lombardie et de Naples, avait complètement échoué. Les causes de cet insuccès ont été très diversement appréciées. D'après Jomini, mal renseigné, le débouché de Moreau était convenu *sur Tortone* (2). Ce plan, chose étrange, lui semble bon, et il en attribue la non-réussite aux lenteurs de Macdonald, qui perdit dix jours en Toscane avant de déboucher ; à la dissémination des divisions de ce général, qui ne lui permit que d'en mettre trois en ligne le 17 et l'empêcha de remporter ce jour-là un succès décisif ; à ses mauvaises dispositions tactiques, alors qu'il devait se masser sur sa gauche et

(1) Cf. GACHOT, p. 322 sqq. et 465 sqq.
(2) NAPOLÉON le dit aussi, *Corresp.*, XXX. 259.

au besoin s'adosser à l'Apennin; à la faute qu'il commit d'accepter sans cavalerie le combat dans la plaine de Plaisance; enfin « *au léger retard* » (!) de Moreau qui, débouchant trois jours plus tôt, eût arrêté net Souwaroff. Le témoignage de Macdonald est cependant très précis en ce qui concerne les grandes lignes du plan arrêté. « *J'étais convenu avec Moreau*, écrit-il dans ses *Souvenirs*, *d'un plan de jonction de nos armées à Parme ou à Plaisance; il devait suivre de sa personne la division Victor qui devait déboucher par Fortenuovo* (Fornoue). » D'autre part, il semble n'avoir passé en Toscane que le temps indispensable à sa réorganisation et à son entente avec son collègue, dont il ne reçut la réponse que le 6 juin; dans tous les cas, son retard, s'il existe, ne saurait être considéré comme la cause de l'échec, puisque Moreau était encore plus en retard que lui et que l'attaque de ce dernier sur Tortone (d'après le plan admis par Jomini) était la seule manœuvre capable de permettre à Macdonald de franchir le défilé de Stradella, où 10 000 hommes pouvaient l'arrêter. Les mouvements de l'armée de Naples du 12 au 17 juin présentèrent un grand décousu; mais il faut se souvenir que Macdonald, foulé aux pieds le 12 au combat de Modène dans une échauffourée de cavalerie, devait suivre les opérations en voiture; que deux de ses lieutenants, Montrichard (1) et Victor, firent preuve à plusieurs reprises d'une négligence qui frisait l'indiscipline; enfin que le combat du 17 fut engagé contre sa volonté. Si les dispositions tactiques du commandant de l'armée de Naples donnent prise à de nombreuses critiques (2), on ne saurait lui reprocher d'avoir accepté la bataille et de l'avoir soutenue si longtemps; il avait conscience de son infériorité et ne prolongea la lutte que pour attendre Moreau.

Dans la lettre de celui-ci que lui avait apportée Victor, le général en chef, ignorant encore s'il déboucherait par Castelnuovo, par Bobbio ou par la Bocchetta, fixait du moins *le 8 juin* comme date approximative de son offensive. Macdonald, très surpris de ne pas l'avoir trouvé à Plaisance, le croyait

(1) Montrichard et Lapoype furent destitués peu après.
(2) Voir Napoléon, *Correspondance*, XXX, 268 sqq.

donc le 17 en pleine manœuvre : or Moreau ne s'ébranla que le 20 (1).

Certainement, l'idée maîtresse du plan de Macdonald, la jonction vers Parme ou Plaisance, était fautive comme trop risquée : la jonction *ne devait s'opérer que par la côte*. Néanmoins, les événements prouvèrent qu'elle eût été *parfaitement réalisable*, malgré le temps perdu, à Parme et même à Plaisance, et, si Moreau jugeait le plan dangereux, il n'avait qu'à n'y pas acquiescer. Dans tous les cas, la *jonction*, l'action en masse, devait être son unique préoccupation. En se bornant à une simple démonstration excentrique sur Novi au lieu de pousser à fond son offensive droit sur Plaisance, il avait, de l'aveu même de Jomini, manqué au « principe fondamental » de l'art de la guerre, qui consiste « *à opérer avec la plus grande masse de ses forces un effort combiné sur le point décisif* ». En débouchant au contraire par Bobbio et en rejoignant à temps Macdonald, il pouvait mettre en ligne 75 000 hommes et, comme l'a dit Napoléon, reconquérir l'Italie. — Autant que les documents que nous possédons permettent d'en juger, c'est plus à lui qu'à Macdonald qu'est imputable l'échec de la Trebbia (2).

Quant à Souwaroff, trouvant à son arrivée les affaires d'Italie très avancées, n'ayant plus d'autre but à se proposer que d'empêcher la jonction des armées de Lombardie et de Naples, il n'y avait pas songé un instant et avait rendu possible « une opération folle ». Ses manœuvres sur le Pô et le Tanaro, ses hésitations, ses faux mouvements, sa dispersion devant les places « indiquent

---

(1) Ce dernier ne se justifia jamais publiquement; mais, comme M. Camille Doucet en a retrouvé la preuve aux Archives de la Guerre (Voir sa note, aux *Souvenirs* de Macdonald), il avait disculpé son collègue quelques jours après la bataille en présence du commissaire Abrial. Dans un dîner qui eut lieu chez Bonaparte un peu avant le 18 brumaire, les deux généraux se seraient expliqués et l'opinion de leur amphitryon n'aurait pas paru favorable à Moreau. Néanmoins, dans ses *Mémoires* (*Précis des événements des six premiers mois de 1799*, 5ᵉ et 6ᵉ observations, *Correspondance*, XXX, 266 sqq.), Napoléon, tout en les critiquant tous deux et en rendant Moreau responsable du plan d'ensemble, a plus longuement insisté sur les fautes de Macdonald.

(2) Signalons que Soult est favorable à Macdonald (II, 138 sqq.) et Thiébault à Moreau, dont il qualifie la campagne de « savante » et d' « admirable » (III, 16 et 17).

un homme qui n'avait aucune connaissance des principes de la guerre ». Victorieux à la Trebbia, il n'avait pas su profiter de son succès en coupant les vaincus de Gênes : « Pas un homme de l'armée de Macdonald n'eût dû rentrer en France, ce qui aurait évité la bataille de Novi ; dès lors l'Italie était conquise (1). » — Grâce à ses fautes, une nouvelle tentative allait pouvoir être faite pour l'en chasser.

§ 6. — LA MANŒUVRE DE NOVI

La situation. — Le coup d'État du 30 prairial (18 juin), en augmentant momentanément la force du gouvernement, avait provoqué une réorganisation de nos armées en Italie comme en Allemagne, et cette tâche devait être facilitée par le ralentissement causé à la même époque dans les opérations des Austro-Russes par les négociations en cours entre les cabinets des puissances alliées. Les nouvelles levées décrétées par le ministre Bernadotte portèrent l'armée d'Italie à 60 000 hommes et Joubert en reçut le commandement (2). Une armée de réserve, dite *Armée des Alpes*, dut se réunir à Grenoble et compter 30 000 hommes, sous Championnet. De leur côté les alliés avaient décidé de faire passer Souwaroff en Suisse et de porter à 70 000 hommes les forces autrichiennes d'Italie confiées à Mélas.

Joubert arriva à Gênes le 2 août et prit le commandement le 5. Dès le lendemain il annonça son intention de livrer une bataille immédiate, décision fort imprudente dans l'état de faiblesse numérique et de dispersion de l'armée. Mais l'ordre formel du Directoire était de débloquer Tortone et Joubert se

---

(1) NAPOLÉON, *Corresp.*, XXX, 269 sqq.

(2) Joubert, très jeune encore, s'était élevé au premier rang par ses seuls mérites. Il n'avait qu'un défaut, au dire de Soult : un bouillant courage qui le faisait trop s'exposer pour un général en chef (II, 151). Voir sa correspondance à cette époque et son portrait dans le *Carnet de la Sabretache* du 30 novembre 1899. — Voir aussi ROGUET, II, 165 et sqq., VANDAL, *Rev. des Deux Mondes*, 1er et 15 avril 1930, et SOREL, V, 429.

faisait illusion, d'après les renseignements qu'on lui avait fournis, sur les forces que l'adversaire était en mesure de lui opposer. Malgré les objections de Saint-Cyr, il persista dans son projet, et, dans un conseil de guerre tenu le 9 à Cornigliano, auquel assistèrent Moreau, resté à titre de conseiller, Suchet, chef de l'état-major, Gouvion-Saint-Cyr et Pérignon, commandant les deux corps de l'armée, l'opportunité de la bataille ne fut même pas mise en question; on ne s'occupa que de la direction de l'offensive (1). Il fut convenu que la gauche (Pérignon), campée vers Savone, serrerait sur la droite (Saint-Cyr) en position vers Voltaggio pour déboucher ensemble sur Alexandrie et Rivalta.

A cette époque la situation de l'armée était la suivante (2) :

	DIVISIONS.	BRIGADES.	BATAILLONS.	ESCADRONS.	EFFECTIFS.	
Corps Saint-Cyr.	....	Colli..................	8	»	4.260	
	Laboissière.........	Quesnel, Gardanne...	12	4	3.976	
	Réserve d'infanterie.	....	4	»	2.500	22.806
	— de cavalerie.	Guérin............	2	12	476	
	Watrin............	Arnaud, Petitot, Calvin.	18	8	5.793	
	Dombrowski.......	....	9	1	2.340	
Corps Pérignon.	....	Miollis............	5	»	3.461	
	Grouchy..........	Grandjean, Charpentier,........	13	»	5.620	
	Lemoine..........	Garreau, Séras......	11	4	6.410	17.907
	Réserve d'infanterie.	Clausel, Partouneaux.	10	»	4.875	
	— de cavalerie.	Richepanse.........	»	10	1.002	
			92	39	40.713	

A la même date, l'armée de Championnet comptait sur le papier 24 bataillons et 5 régiments de cavalerie, soit 30 893 fantassins, 2 263 cavaliers et 1 047 artilleurs, au total 34 203 hommes. Mais la moitié de ces troupes était composée de conscrits

(1) Voir SAINT-CYR, *Mém.*, I, 224 et 228, et ROGUET, II, 171 et 517. Si pressants que fussent les ordres du Directoire, Joubert était seul juge de la situation et la responsabilité de l'offensive lui appartient entièrement. On a vu plus haut la conduite de Masséna en pareille circonstance.
(2) SAINT-CYR, I, pièce justificative n° 42.

dont beaucoup n'avaient pas rejoint, et l'effectif disponible ne dépassait pas 18 à 20 000 hommes.

Le 8 août, laissant 4 000 hommes sous Miollis autour de Gênes, Joubert poussa sa droite (Saint-Cyr) par Campofreddo et la Bocchetta vers Gavi (1), tandis que sa gauche (Pérignon) occupait vers Millesimo la tête des vallées des Bormida. Le 11, cette gauche se porta par Dégo et Spigno sur Acqui, occupa Terzo sans y rencontrer personne et, le 14 août, fit sa jonction vers Basaluzzo avec Saint-Cyr qui venait de repousser Mélas de Novi. — Après la bataille de la Trebbia, l'armée alliée s'était de nouveau dispersée. La division Fröhlich avait été dirigée sur Rome et la division Klenau sur la Spezzia pour menacer Gênes par l'est; trois divisions avaient bloqué Alexandrie (Bellegarde), Tortone (Alcaini) et Coni; quatre autres (Kaim et Haddick) avaient été envoyées aux débouchés des Alpes; enfin les six dernières avaient été réunies autour de Rivalta et de Pozzolo-Formigaro pour former un corps d'observation. Le 22 juillet, la reddition d'Alexandrie (2) avait rendu disponibles les troupes de Bellegarde, et, le 30, la reddition de Mantoue, celles de Kray (3). Quelques jours plus tard, instruit de l'offensive des corps français (4), Souwaroff s'était hâté de concentrer les siens au nord de Novi. Bellegarde et Mélas, postés sur les ailes, s'étaient repliés sur l'ordre du maréchal,

(1) Voir le croquis n° 78.
(2) Au dire de NAPOLÉON (*Corresp.*, XXX, 283), elle avait été prématurée.
(3) Voir p. 620.
(4) « Le général Joubert, a écrit NAPOLÉON, a aggravé le défaut du plan de campagne en se mettant en mouvement avec l'armée d'Italie six ou sept jours avant que Championnet eût commencé ses opérations et opéré la diversion qui a obligé Souwaroff à faire contre lui un détachement de son camp de Pozzolo.... La gauche de l'armée française n'eût pas dû déboucher par la Bormida et faire sa jonction à Novi avec la droite, en plaine, devant l'ennemi. Elle eût dû l'opérer derrière la Bocchetta, et, réunie à la droite, déboucher à Novi. *Ceci est fondé sur ce principe, qui n'admet pas d'exception, que toute jonction de corps d'armée doit s'opérer en arrière et loin de l'ennemi.* La droite et la gauche pouvaient être attaquées et battues isolément, lorsqu'elles étaient loin l'une de l'autre ; il était important de cacher à l'ennemi le mouvement offensif de l'armée. » (*Corresp.*, XXX, 298.) — En outre, en débouchant à la fois par Acqui et par la Bocchetta, Joubert allait être conduit à vouloir couvrir ses deux lignes d'opérations et à occuper un front de 6 000 toises (12 kil.), au lieu du front de 2 000 à 3 000 toises (4 à 6 kil.) qui convenait à son effectif (*Ibid.*, XXX, 299).

qui, attendant les troupes de Kray, voulait attirer son adversaire dans la plaine de S. Giuliano favorable à l'action de sa cavalerie. Rejoint le 14 août au soir par 15 000 hommes du corps de Mantoue (1), il avait sous la main 70 000 hommes, dont 10 000 cavaliers. D'autre part, les Français paraissant résolus à ne pas quitter l'appui des montagnes et ayant poussé un gros détachement sur Tortone par la rive droite de la Scrivia, il résolut de les attaquer le lendemain.

Novi. — La position occupée par Joubert était des plus aventurée (2). Elle s'étendait au nord de Gavi, sur les contreforts du Monte Mesina et du Monte Rotondo, de Serravalle à Basaluzzo par Novi. La division Laboissière occupait la petite ville de Novi, défendue par une vieille muraille flanquée de tours; la division Watrin, qui devait prolonger sa droite et garnir le revers du Monte Rotondo, s'était, par suite d'un faux mouvement, avancée jusqu'à Betole; le corps de Dombrowski bloquait dans Serravalle une petite garnison autrichienne et occupait Stazzano et Cassano-Spinola sur la rive droite de la Scrivia. La gauche s'étendait de Novi au torrent de Lemme, en avant de Pasturana, ayant à dos le ravin du Riasco; elle n'avait pas encore sa position de combat, qu'elle ne devait prendre que le 15 au matin. Les seules voies de retraite praticables à l'artillerie étaient la route de Novi à Gavi, celle de Novi à S. Cristoforo par Tassarolo, et celle de Pasturana à S. Cristoforo par Francavilla. En défalquant 8 000 hommes laissés à Gênes ou détachés, Joubert disposait, le 14 août, de 34 800 hommes, dont 32 500 fantassins ou artilleurs et 300 cavaliers, avec 43 pièces (3).

---

(1) Joubert ne crut à la reddition de Mantoue que la veille de la bataille, en constatant la présence de Kray en face de lui. Jusque-là il avait refusé d'y ajouter foi (GACHOT, p. 317) et avait basé son offensive sur l'hypothèse de l'absence de Kray (SAINT-CYR, I, 234).

(2) Voir le croquis n° 80 et la description de GACHOT, p. 350 sqq.

(3) *Aile droite :* Saint-Cyr (18 811 hommes et 31 pièces) :

Divisions.	Brigades.	Fantassins.	Cavaliers.	Artilleurs.
1re Watrin et Dombrowski.	Calvin, Petitot, Darnaud.	7.548	211	118

Dans un conseil de guerre tenu ce jour-là entre Joubert, Saint-Cyr et Pérignon, le général en chef, inquiet de la force de l'armée ennemie, qu'il ne s'attendait pas à trouver concentrée, et de la position dangereuse où l'avait mis son offensive, mais plongé tout à coup dans la plus pénible irrésolution, ne sut pas prendre immédiatement une décision et la remit au lendemain. Aucun ordre ne fut donné, aucun plan arrêté; les divisions, sauf celle de Laboissière, bivouaquèrent où elles avaient fait halte et durent prendre leurs positions de combat le lendemain, au moment où se prononça l'attaque de l'ennemi (1).

L'armée austro-russe occupait les emplacements suivants (2) :

CORPS.	DIVISIONS.	INFANTERIE.	CAVALERIE.	TOTAUX.	EMPLACEMENTS.
Kray (droite).	Bellegarde........ Ott...............	24.181	2.630	26.811	Entre Basaluzzo et la route de Novi à Bosco.
Dürfelden (centre).	Miloradowich..... Bagration	12.764	2.788	15.552	En avant et en arrière de Pozzolo-Formigaro, avec une réserve à Rivalta.
Mélas (gauche).	Fröhlich (brig. Mitrowski, Lichtenstein, Lusignan, Nobili et Laudon)	7.317	1.782	9.099	Très en arrière, vers Rivalta.
	Artillerie et sapeurs.			3.700	
	Rosenberg........			3.272	En avant de Tortone.
	Alcaini...........			5.263	Couvrant le blocus.
		»	»	68.697	72.000 hommes avec les auxiliaires piémontais.

Divisions.	Brigades.	Fantassins.	Cavaliers.	Artilleurs.
2ᵉ Laboissière............	Quesnel, Gardanne, Colli.	9.637	380	399
Réserve de cavalerie......	Guérin.............	»	585	»
Aile gauche : Pérignon (15.049 hommes et 12 pièces :				
1ʳᵉ Lemoine	Gareau	5.810	»	»
2ᵉ Grouchy.............	Grandjean, Partouneaux, Charpentier	8.100	»	»
Réserve de cavalerie......	Richepanse.........	»	1.069	»

Total général : 33 860 hommes, dont 2 246 cavaliers et 43 pièces (GACHOT, p. 470 sqq., d'après le rapport de Suchet). A l'infanterie de la division Watrin-Dombrowski, il faut ajouter la légion polonaise, non comprise dans l'état et dont la force devait être de 970 hommes, dont 50 cavaliers GACHOT, p. 353, n.)

(1) Voir SAINT-CYR, 1, 236 sqq.
(2) D'après GACHOT, 319 en n.

Cette position échelonnée rendit l'attaque très décousue.

Le 15 août, à 3 heures et demie du matin, Kray attaque en deux colonnes notre gauche, non encore formée, et lui fait perdre du terrain. Joubert, qui accourt pour rétablir l'ordre et reconnaître l'ennemi, est presque aussitôt blessé à mort (6 heures et demie) (1) et Moreau prend le commandement. Kray est repoussé après six attaques successives, grâce à l'appui de la brigade Colli envoyée par Saint-Cyr, et Souwaroff, qui veut profiter du retard de Watrin pour enlever Novi, a le même sort. Une nouvelle tentative des deux généraux échoue et Watrin, après avoir perdu beaucoup de temps à traverser Serravalle et à tirailler dans la plaine avec quelques bataillons couvrant la gauche de Souwaroff, vient enfin garnir les hauteurs à la droite de Laboissière.

L'action se ralentit pendant plusieurs heures, que Souwaroff emploie à reformer ses corps et à envoyer ordre sur ordre à Mélas, qui n'arrive en ligne que vers 2 heures. Voyant l'insuccès de ses efforts sur notre gauche, le général russe forme le projet de tourner notre droite, la possession du fort de Serravalle facilitant beaucoup ce mouvement. Un peu après 2 heures, l'attaque de la gauche ennemie (Mélas) se produit, conjointement avec un nouvel effort des divisions russes du centre conduites par Souwaroff en personne. Celles-ci sont vigoureusement contenues par Laboissière ; mais, à notre droite, Dombrowski est chassé de Serravalle, la division Watrin, assaillie par des forces triples des siennes et fatiguée par les marches et les combats de la matinée (2), ne fait qu'une faible résistance et Mélas, partageant ses forces en deux colonnes, en dirige une sur Novi et l'autre sur Arquata, menaçant nos communications avec Gênes. Une charge vigoureuse de la 106ᵉ demi-brigade, conduite par Saint-Cyr, permet à Watrin de se reformer et dégage Laboissière, qui reçoit bientôt de Moreau l'ordre d'évacuer Novi (4 heures).

(1) Voir THIÉBAULT, III, 43, et GACHOT, 361.
(2) D'après THIÉBAULT, Saint-Cyr aurait prévu l'échec de Watrin et l'aurait laissé se produire pour « donner une leçon à un général de l'armée de Naples » ! (III, 48). Le récit de SAINT-CYR (I, 255 sqq.) réfute de lui-même cette infamie.

Le général en chef, en effet, après avoir contenu Kray à la gauche, juge, devant les progrès de Mélas, la retraite nécessaire (1). Elle s'effectue à la droite avec beaucoup d'ordre. Watrin et Laboissière prennent position en avant de Gavi, sur la rive gauche du Riasco ; Lemoine s'écoule sur Francavilla. Mais à la gauche, vers 6 heures, 400 tirailleurs autrichiens, remontant le vallon du Riasco, s'emparent, par surprise, du château de Pasturana qu'on a négligé de mettre en état de défense et qui commande la route. Une voiture de tête ayant versé dans la rue étroite qui conduit à Tassarolo, l'artillerie de la division Grouchy, qui forme l'arrière-garde, encombre bientôt le village où s'entassent également bientôt les pièces revenant de Novi, et l'infanterie, pressée en queue par Souwaroff qui vient d'occuper Novi, se débande. Pérignon, Grouchy, Partouneaux, Colli, après de vains efforts pour la rallier, sont faits prisonniers, couverts de blessures (2) ; 20 pièces et leurs caissons tombent au pouvoir de l'ennemi (3).

Le lendemain, 16 août, l'aile droite resta en position en avant de Gavi et Dombrowski reprit Arquata à la division autrichienne envoyée sur ce point par Mélas, tandis que les débris de l'aile gauche se ralliaient vers Ovada. La retraite reprit ensuite sur Gênes. L'armée alliée s'arrêta à Asti.

Souwaroff avoua n'avoir jamais vu bataille aussi sanglante que celle de Novi. Les deux partis, qui avaient engagé, l'un

---

(1) « Le mouvement de Mélas entre la Scrivia et Novi, a écrit NAPOLÉON, n'était pas de nature à obliger à la retraite : il était 5 heures du soir, le général français pouvait faire attaquer Mélas ; d'ailleurs, *le vin était tiré, il fallait le boire* ; *il fallait attendre la nuit*. La retraite de l'armée sur Pasturana a été désastreuse ; elle devait l'être. Il fallait donc rester dans Novi et s'y battre. On a fait, et il est arrivé ce qui pouvait arriver de pis. Si Joubert avait vécu, il n'eût pas ordonné la retraite, et le champ de bataille serait demeuré aux Français. *A la guerre, il ne faut jamais rien faire de son gré qui soit pis que ce qui peut arriver.* » (XXX, 299.) — Cf. ce que dit GACHOT (p. 379 sqq.) sur l'attitude presque insouciante de Moreau.

(2) THIÉBAULT accuse Pérignon et Grouchy de s'être fait prendre *exprès* (III, 45), après avoir fait preuve de la plus grande impéritie. C'est une nouvelle infamie à son actif. Voir SAINT-CYR, 1, 327, et GACHOT, 381 sqq.

(3) L'armée était dans un état lamentable. Le 15 août elle n'avait pas reçu de vivres depuis quatre jours et les soldats tombaient d'inanition. Voir la lettre de Victor au Directoire dans ROGUET, II, 553. Voir aussi NAPOLÉON, *Corresp.*, XXX, 327.

35 000 hommes, l'autre 45 000, s'étaient battus avec la même rage et perdaient, les Français 6 500 hommes, les alliés 7 900 ; les Français perdaient en outre cinq généraux, dont le malheureux Joubert (1), quatre drapeaux et trente-sept pièces. Le Directoire eut cette fois le bon esprit de ne pas incriminer les généraux vaincus et décréta que l'armée d'Italie « avait bien mérité de la patrie ».

Obligé de se conformer à la nouvelle combinaison stratégique élaborée par le Conseil aulique, qui le débarrassait de la tutelle du ministre autrichien Thugut, mais l'envoyait combattre en pays de montagnes, genre de guerre auquel ses troupes n'étaient pas habituées, le général russe mit peu de vigueur à poursuivre son dernier succès (2). Bien qu'un armistice eût été conclu avec la garnison de Tortone (qui se rendit le 11 septembre, après trois mois de siège), le col de la Bocchetta ne fut menacé que par quelques détachements, qui furent facilement repoussés, et Souwaroff ramena les troupes russes sur Alexandrie, d'où il partit le 11 septembre pour le Saint-Gothard (3).

§ 7. — LES OPÉRATIONS DE CHAMPIONNET

Le débouché. — Championnet, réhabilité par Bernadotte et nommé au commandement de l'armée des Alpes, n'avait pas attendu d'avoir reçu tous ses renforts pour coopérer aux mouvements de Joubert. Dès le 8 août (4) il s'était ébranlé sur toute sa ligne, avec environ 18 000 hommes, avait porté sa gauche (division Duhesme) dans les vallées de Suse et de Fénestrelle avec un fort détachement (Compans) dans la vallée d'Aoste, sa droite (division Grenier) dans la vallée de la Stura, et, après

---

(1) Joubert venait de se marier quelques semaines avant sa nomination à l'armée d'Italie.

(2) THIÉBAULT attribue cette inaction aux démêlés de Souwaroff et de Mélas au sujet du sort réservé à Gênes (III, 50); ROGUET dit de même (II, 176). Mais il n'y avait pas que Gênes; il y avait la question du Piémont, celle des conflits de commandement et de nationalités, etc. Voir GACHOT, p. 388 à 404.

(3) Voir p. 587.

(4) Voir le croquis n° 77. La marche des corps de Championnet n'y a pas été figurée.

quelques engagements heureux, s'était avancé d'un côté sur Pignerol et Saluces, de l'autre jusqu'à Savigliano et Fossano, pour faire sa jonction avec l'armée d'Italie. Il occupa ces deux derniers points le 15 septembre, après avoir battu une division ennemie.

De son côté, Moreau, instruit du prochain départ de Souwaroff et de l'approche de Championnet, qui devait lui succéder dans le commandement en chef, s'était contenté de repousser les attaques de l'ennemi sur la Bocchetta et de faciliter la marche de son collègue par quelques pointes dirigées vers Novi (9 septembre). Mais, sans s'arrêter à ces démonstrations, Kray s'était porté à la rencontre de Championnet, vers Fossano, tandis que Mélas marchait sur Savigliano. Ce dernier poste fut surpris le 16 et, après un nouvel engagement le 18, l'armée des Alpes dut reculer sur Busca et Droncro.

Laissant alors à Grenier, dont Muller prit la division, le commandement de l'armée des Alpes, devenue l'aile gauche de l'armée d'Italie (divisions Duhesme et Grenier, 19 000 hommes), Championnet se rendit à Gênes que, malgré son opinion, le gouvernement lui ordonnait de conserver (22 septembre). Il mit la ville en état de siège, chargea Saint-Cyr de la défendre avec les divisions Miollis, Watrin, Dombrowski et Laboissière, et ramena les divisions Lemoine et Victor (ex-Grouchy, en tout 15 000 hommes) sur Albenga, pour les porter, par Garessio, sur Coni, que Mélas avait investi de nouveau avec le gros de ses forces.

Le 23 septembre l'armée d'Italie réorganisée présentait la composition suivante (1) :

(1) D'après Gouvion-Saint-Cyr (II), les chiffres donnés par Jomini dans sa situation du 17 octobre sont erronés.

CORPS ET DIVISIONS.	BRIGADES.	EFFECTIFS.		EMPLACEMENTS (*).
Droite: St-Cyr. { Miollis.......		3.833		Rapallo, Torriglia, Sorio.
Watrin.......	Gauthrin, Darnaud, Petitot...	5.859	16.675	Rigoroso, Carosio, Campo-Marone.
Dombrowski.	Jablonowski....	457		Voltaggio, Sorio.
Laboissière..	Quesnel.........	6.526		Ovada, S. Cristoforo.
Centre: Victor. { Lemoine......	Gardanne, Clausel, Séras......	6.969	15.215	S. Michele, Vico.
Victor.......	Grandjean, Poinsot, Josnet-Laviolais.........	8.246		Peveragno.
Réserve.....	Calvin........		2.076	Coni.
Gauche: Grenier. { Grenier......	Compans, Clément.........	11.929	19.615	
Duhesme.....		7.686		
			53.581	
Massol...........		3.131		A Gênes, Gavi, Savone.
Pouget...........		2.764	10.076	Au col de Tende.
Brenier..........		4.181	(**)	A Coni et Fénestrelle.

(*) Voir le croquis n° 81.
(**) Dont 3000 Italiens et 5000 conscrits.

Génola. — La première quinzaine d'octobre fut remplie par de vives escarmouches entre les deux partis à la Margarita, Villanuova, Beinette, la Chiusa. Vers le milieu du mois, la position de l'armée autrichienne était la suivante (1) :

		BATAILLONS.	ESCADRONS.		
Armée d'opérations.	1re ligne. { Kray......	10	8	30.000 dont 2.400 chev. (*).	Infanterie à Castelletto. Cavalerie à Morazzo.
	Ott........	12	4		
	2e ligne. { Elsnitz....	8	4		A Montanera (quartier général).
	Mitrowski.	10	8		
		38	24		
Armée d'observation.	Kaim......	18	16	15.000	Vallée d'Aoste.
	Karaczay..	8	12	9.000	— des Bormida.
	Klenau.....	10	8	10.000	Rivière du Levant.
	Fröhlich...	8	6	7.900	Dans les États romains et la Toscane.
Garnisons.............		32	»	30.000	

(*) En comptant le bataillon à 700 hommes et l'escadron à 100 chevaux environ. Les chiffres fournis par SAINT-CYR (II, 441) dans sa situation authentique du 24 août sont bien plus élevés.

(1) D'après Jomini.

Ayant fait sa jonction avec sa gauche et disposant pour les opérations actives de 33 000 hommes (corps Victor et Grenier), Championnet résolut de rompre l'investissement de Coni et de chercher une action décisive pour rejeter Mélas en Lombardie. Son but était de déborder la droite des Autrichiens par Savigliano, pour les refouler sur Bra et Asti; mais les dispositions qu'il adopta furent des plus défectueuses. Duhesme dut déboucher vers Fénestrelle et Suse pour menacer Turin et se rabattre ensuite sur Pignerol et Saluces. Victor fut détaché vers Mondovi et Céva pour faire une diversion à droite, puis ramené sur Coni. Enfin le débouché sur Fossano eut lieu le 1er novembre par les deux rives de la Stura. Grenier s'avança sur Centallo et Savigliano avec le gros de la division Muller, tandis que ce général poussait avec le reste sur Busca et Saluces pour tendre la main à Duhesme; Victor marcha sur Ronchi et Fossano, Lemoine sur Morozzo et la Trinita, une brigade dans l'intervalle sur Castelletto et Montanera. — Ces différents mouvements devaient être appuyés par une attaque de Saint-Cyr sur Novi. « Un des plus grands inconvénients, dit Jomini, du plan adopté par Championnet, consistait dans l'impossibilité de faire agir avec ensemble, à un si grand éloignement, des divisions séparées par des montagnes peu praticables; aussi ne régna-t-il aucun concert dans les attaques. »

Mélas, devinant le projet de son adversaire, prit de sages dispositions. Il ramena à lui ses deux ailes, évacua Morozzo et Mondovi et concentra ses 30 000 hommes à la Trinita. Il pouvait, semble-t-il, se jeter sur la division Lemoine, isolée sur la rive droite, et l'écraser; il préféra faire face au gros des forces de son adversaire. Après avoir détaché Kray (5000 hommes) du côté de Novi, où Gouvion-Saint-Cyr devenait menaçant, il repassa la Stura à Fossano et prit position entre cette ville et Marene, dans une plaine favorable à l'action de sa cavalerie. Lemoine occupa aussitôt Mondovi et reçut l'ordre de s'étendre vers Carru et Bene pour menacer les derrières de l'ennemi. Le 3 novembre, Muller occupa Saluces, Grenier Savigliano, Victor s'approcha de Fossano et l'armée française se prépara à déboucher sur Bra le lendemain. — Mélas, de son côté, avait résolu d'arrêter le mouvement enveloppant de notre gauche en se portant en trois colonnes sur Genola et Savigliano, tandis que la garnison de Fossano contiendrait notre droite par une diversion sur Morozzo.

Le choc eut lieu le 4 novembre au matin. Grenier, accablé par des forces supérieures (divisions Ott et Mitrowski), fut rejeté sur Savigliano, puis sur Genola. Victor, qui avait déjà refoulé les Autrichiens sous les murs de Fossano (divisions Elsnitz et Gottesheim), dut reculer à son tour sur Valdigi. Attaqués de nouveau vers 3 heures dans ces positions, les deux généraux durent rétrograder sur Centallo et Ronchi. — Duhesme, qui débouchait à ce moment de Savigliano, fut bientôt refoulé par la division Kaim sur Saluces.

Cette bataille, où le décousu des mouvements était imputable aux mauvaises dispositions du général en chef, nous coûtait le tiers de l'effectif engagé, environ 8000 hommes, et séparait l'armée en trois tronçons : Victor et Lemoine vers Mondovi, Muller et Grenier vers Coni, Duhesme vers Saluces. — Dès le 5 novembre, Mélas nous poursuivit dans toutes les directions. Duhesme recula sur Suse et Briançon, Grenier sur Limone et le col de Tende ; Victor et Lemoine, attaqués de front et menacés à revers par les montagnes, se replièrent sur Garessio et le col de Nava ; leur arrière-garde fut encore battue, le 15, à Bagnasco.

Mélas prit alors position à Borgo-S.-Dalmazzo, avec deux avant-gardes vers Limone et Ormea, et poussa activement le siège de Coni. [La place se rendit le 5 décembre et les deux armées prirent leurs quartiers d'hiver sur les positions occupées par elles.

§ 8. — LA DÉFENSE DE GÊNES ET D'ANCÔNE.

Gênes. — Dès le mois de juillet, aussitôt la retraite de Macdonald terminée, la rivière du Levant, à l'est de Gênes, avait été occupée par les troupes autrichiennes (1). Miollis,

---

(1) Voir p. 625 et le croquis n° 82.

chargé par Joubert de défendre la ville de ce côté avec 3 000 hommes, avait repoussé l'ennemi au delà de la Spezzia. Mais le corps de Klenau (7 à 8 000 hommes), qui occupait la Toscane, avait été aussitôt dirigé sur ce point, avait refoulé Miollis et était parvenu, à la fin d'août, jusqu'à Rapallo.

Le général Gouvion Saint-Cyr, préposé par Championnet à la défense du territoire génois, s'acquitta glorieusement de sa mission. Disposant d'environ 20 000 hommes, il avait placé Dombrowski à Voltaggio, Watrin à la Bocchetta, Laboissière en avant, entre Voltaggio et Novi, Miollis vers Rapallo et Nervi et constitué une réserve générale à Gênes (1). Watrin et Laboissière avaient devant eux le corps autrichien de Karaczay (9 000 hommes), nouvellement arrivé ; Miollis contenait Klenau (8 à 10 000 hommes) ; Dombrowski surveillait Mélas.

Voulant prévenir la jonction de Karaczay et de Klenau, Saint-Cyr fit attaquer ce dernier, le 12 octobre, de front et à revers. Le général autrichien s'échappa par une prompte retraite, mais perdit son arrière-garde forte de 1 200 hommes. — Le 23, Saint-Cyr se tourna vers Karaczay, qui abandonna Novi et se replia aussitôt sur Alexandrie. Mais le 24, renforcé par 3 000 chevaux, le général autrichien se reporta en avant et bouscula la division Laboissière détachée à sa suite. Apprenant cet échec, Saint-Cyr marcha audacieusement sur Bosco avec la division Dombrowski et une brigade de Watrin (3 500 hommes), obligea Karaczay à lui faire face, mit le désordre dans sa cavalerie par son feu et culbuta ensuite son infanterie à la baïonnette (2). L'ennemi, perdant 1 000 hommes et 5 pièces, se retira sous le canon d'Alexandrie, et Saint-Cyr, s'étendant d'Acqui à Pozzolo-Formigaro, put vivre pendant trois semaines hors du territoire génois.

Mais Kray vint renforcer Karaczay et Bellegarde Klenau (3).

---

(1) Voir le tableau de la page 632. — Le chiffre de 20 000 hommes comprend les garnisons de Gênes et de Gavi. — Voir les *Mémoires* de SAINT-CYR, II, 11 sqq.

(2) Il faut lire le récit de SAINT-CYR (II, 31 sqq.) où tout est instructif.

(3) Kray avait été détaché par Mélas avec 5 000 hommes quelques jours avant la bataille de Genola ; Bellegarde arrivait de Toscane où il avait été envoyé avec Klenau après le départ de Souwaroff.

Le 5 novembre, le premier déboucha de Marengo, avec 13 ou 14 000 hommes, et attaqua en quatre colonnes les divisions Watrin, Laboissière et Dombrowski concentrées par Saint-Cyr sur les hauteurs en arrière de Novi. Après avoir attiré l'ennemi sur les pentes du Monte Mesina par un mouvement rétrograde, le général français l'arrêta net par son feu, puis le fit charger à la baïonnette et le rejeta sur Alexandrie avec une perte de près de 4000 hommes. La défaite de Joubert était vengée (1).

Menacé bientôt d'une révolution dans Gênes et obligé de remplacer le gouvernement directorial par une commission exécutive, Saint-Cyr rapprocha ses troupes de la ville et prit position : la droite (Watrin) à Novi, le centre (Dombrowski) à Ovada, la gauche (Miollis) à Sassello. — Kray, ayant reçu des renforts après la bataille de Genola, refoula bientôt les trois divisions sur Voltaggio, Campofreddo et Savone. Attaqué le 11 décembre à la Bocchetta, au moment où venait d'éclater parmi ses troupes une sédition provoquée par la misère, Saint-Cyr fit face à tout par son énergie, apaisa les mutins, repoussa tous les efforts de Kray et, le 15, put se retourner contre Klenau, qui venait de pousser jusqu'à Saint-Martin-d'Albaro la brigade Darnaud chargée de le contenir. Abordé de front et menacé sur ses derrières par Torriglia, Klenau fut rejeté jusque sur la Magra (2).

Cet engagement fut le dernier de la campagne. Le 17, un important convoi de vivres entrait dans Gênes aux abois et les deux partis, épuisés, prenaient leurs quartiers d'hiver. Par sa belle résistance, basée sur une défense extérieure active, Gouvion Saint-Cyr avait gardé Gênes un hiver de plus à la France et préparé la résistance non moins glorieuse de Masséna (3).

Ancône. — En même temps que nous étions forcés d'éva-

---

(1) GOUVION-SAINT-CYR, II, 42 sqq.
(2) *Ibid.*, II, 84 sqq.
(3) Voir l'éloge de Saint-Cyr par SOULT, II, 352 et 360. Il reçut le premier sabre d'honneur distribué par Bonaparte et le brevet de « premier lieutenant de l'armée d'Italie ». Moreau le demanda pour l'armée du Rhin dont il prenait le commandement.

cuer la vallée du Pô, nous perdions les derniers postes conservés par nous dans le royaume de Naples et les États ecclésiastiques.

Aussitôt Macdonald parti, l'insurrection s'était donné libre carrière dans la Pouille et la Calabre. Une armée composée de bandits, de paysans et d'aventuriers, sous la conduite du cardinal Ruffo, reprit bientôt Naples et exerça dans tout le pays d'odieuses représailles, dont l'amiral Nelson fut, pour une grande part, le promoteur et qui entachent son nom. Les garnisons françaises de Saint-Elme, Castellamare, Capoue, Gaëte durent capituler et furent ramenées en France (fin juillet). Bientôt le territoire romain fut envahi au sud par l'armée de Naples réorganisée, au nord par le corps autrichien de Fröhlich. Après avoir battu la première au Monte Rotondo (21 septembre) et le second en avant de Civita-Vecchia (22), le général Garnier, qui commandait à Rome, obtint une capitulation honorable et put s'embarquer pour la France. Mais après son départ les mêmes massacres qui avaient désolé Naples se renouvelèrent à Rome.

Le général Monnier, qui commandait dans l'Est les départements du Tronto, du Musone et du Métaure, après avoir tenu la campagne, pendant les mois de juin et de juillet, contre les insurgés et les avoir battus, avec moins de 3 000 hommes, dans de nombreuses rencontres, fut rejeté au commencement d'août dans Ancône, qu'il avait eu soin de faire mettre dans un état de défense respectable. Il lui restait environ 2 000 hommes et le corps de blocus comptait 40 000 hommes, insurgés, Autrichiens, Russes et Turcs, tandis que l'escadre de l'amiral Woinowich bloquait la ville par mer. Pendant deux mois, Monnier repoussa tous les assauts et se maintint dans tous ses ouvrages. Mais, au commencement d'octobre, le corps autrichien de Fröhlich (8500 hommes) se joignit au corps de siège et imprima aux opérations une impulsion nouvelle. De grands travaux de circonvallation furent exécutés. Le 2 novembre, une attaque générale fut repoussée, mais le 10, les remparts étant ruinés, les munitions épuisées et la garnison réduite à

1 500 hommes, Monnier, après avoir rejeté trois sommations, accéda à une dernière et entra en pourparlers avec Fröhlich. Le 16 novembre, il rendit la place après une capitulation des plus flatteuse pour sa belle défense (1) et ramena ses troupes à Gênes en leur prédisant que bientôt « les armes françaises, mieux conduites, sauraient reconquérir l'Italie ».

Il reste à exposer les opérations qui avaient eu lieu aux deux points extrêmes du théâtre de la guerre : dans les îles Ioniennes et en Hollande.

IV

LES THÉATRES EXTRÊMES

§ 1. — LES ILES IONIENNES.

Depuis le traité de Campio-Formio, une division française de 3500 hommes occupait les îles Ioniennes et les arrondissements continentaux de Butrinto, Parga, Preveza et Vonitza qui en dépendaient (2). Chabot, qui avait succédé à Gentili dans le commandement de ces faibles forces, avait eu le tort de les disperser sur tous les points.

Dès le mois de septembre 1798, Ali, pacha de Janina, avec une armée turque, menaça nos possessions. A la fin d'octobre, le fort de Butrinto dut être détruit et évacué. Le général La Salsette, commandant dans le Sud, ayant tenté de couvrir Preveza avec 700 hommes (dont 400 français) contre l'armée d'Ali, fut écrasé à Nicopolis et fait prisonnier (23 octobre). Tous les postes de la côte furent évacués et une flotte russo-turque, arrivée sur ces entrefaites, fit occuper les îles de Zanthe, Céphalonie, Ithaque et Sainte-Maure.

Il ne restait au général Chabot que 1 800 hommes pour défendre Corfou. Assiégé dès les premiers jours de novembre, la maladresse et l'indiscipline des troupes assaillantes lui permirent de prolonger la résistance pendant quatre mois. Mais

(1) La garnison rentra en France sans condition et put repartir immédiatement en campagne.
(2) Voir le croquis n° 83.

le 1ᵉʳ mars 1799, l'île de Vido, qui commandait la rade, étant tombée au pouvoir de l'ennemi, et les secours envoyés d'Ancône n'ayant pu débarquer, Chabot rendit la place le 3 mars; la garnison, réduite à 800 hommes, fut transportée aux frais de l'ennemi à Toulon.

§ 2. — LA CAMPAGNE DE HOLLANDE.

La situation. — La menace d'une expédition en Irlande avait fait différer jusqu'au mois de juillet l'exécution des engagements pris par l'Angleterre concernant l'envoi d'une expédition en Hollande. Le départ de la flotte française de Brest pour la Méditerranée, en débarrassant le cabinet de Saint-James de toute inquiétude, lui fit activement pousser ses préparatifs. Le but avoué de l'entreprise était de rétablir le stathouder Guillaume d'Orange; son objectif réel était la destruction de la flotte et du commerce hollandais.

Le corps de débarquement dut compter 50 000 hommes, dont 20 000 Russes à la solde de l'Angleterre, sous le commandement en chef du duc d'York. L'expédition mit à la voile en deux divisions. La première, portant 15 à 18 000 Anglais sous les ordres du général Abercromby, arriva en vue des côtes de la Nord-Holland le 19 août et ne put, à cause du mauvais temps, opérer son débarquement que le 27. On choisit le point du Helder en raison de sa proximité de la flotte hollandaise, mouillée dans le chenal du Texel, et de la facilité d'abord de la côte en cet endroit (1).

Les forces dont disposait la République batave, pour repousser l'invasion qui la menaçait, ne dépassaient guère 20 à 22 000 hommes. La faute en était tout entière au gouvernement français qui, aux termes du traité d'alliance entre les deux républiques, était tenu d'avoir sur le territoire hollandais un corps de 24 000 hommes, mais qui, par suite de ses embarras financiers et de sa pénurie de troupes, l'avait réduit à

---

(1) Voir le croquis n° 84.

8 000 hommes, tout en touchant les subsides d'un corps complet.

L'armée gallo-batave, placée sous les ordres de Brune, comprenait trois divisions. Daëndels (7 000 Hollandais) gardait la Nord-Holland depuis La Haye jusqu'au Texel ; Dumonceau (6 000 Hollandais) occupait les provinces de l'Est ; Vandamme (8 000 Français) gardait la Zeelande qu'on croyait plus particulièrement menacée. En apprenant que la flotte anglaise prenait comme objectif le Helder, Brune ordonna à Daëndels de concentrer vers ce point sa division et marcha pour le soutenir avec les deux autres.

Bergen. — Le 27 août au matin, l'armée anglaise prit terre un peu au sud du Helder, à Huisduinen, sous la protection de l'artillerie des vaisseaux. La brigade de droite de la division Daëndels, dispersée depuis le Helder jusqu'à Alkmaar, fut culbutée après un vif engagement, et l'arrivée de la seconde brigade, accourant de Schagen, ne put permettre de déloger les Anglais des dunes. Nous avions perdu 1 400 hommes.

Daëndels recula derrière le Zyp et prit position, la gauche à Petten, la droite à Avenhorn. Pendant ce temps, la flotte anglaise se portait au-devant de l'escadre hollandaise, qui s'était réfugiée dans le chenal, entre les îles du Texel et de Vlieland ; les équipages de cette dernière se révoltèrent et l'amiral Story dut amener son pavillon. — Le 9 septembre, Brune, ayant rejoint son lieutenant avec les divisions Vandamme et Dumonceau, put concentrer en avant d'Alkmaar environ 17 000 hommes et résolut d'attaquer le corps d'Abercromby avant l'arrivée de la deuxième division anglaise. Mais, le 10, tous ses efforts pour déloger l'ennemi des digues du Zyp furent repoussés, et l'armée dut rentrer dans ses positions du matin, ayant perdu 1 200 hommes. Huit jours après (17 septembre), le duc d'York rejoignait son lieutenant avec le reste du corps expéditionnaire et portait les forces débarquées à 40 000 hommes. Il résolut à son tour d'attaquer son adversaire avant l'arrivée des renforts que celui-ci attendait.

Le 19 septembre, il se porta en avant sur quatre colonnes (1) : celle de droite (division russe Hermann, 11 000 hommes) contre la division Vandamme ; celle du centre (York, 9 000 hommes) contre Dumonceau ; celle de gauche (prince d'Orange, 10 000 hommes) contre Daëndels ; une quatrième colonne (Abercromby, 9 000 hommes) devait essayer de tourner notre droite par Avenhorn. — La colonne de droite délogea Vandamme de Grœt et de Schoorl et le refoula jusqu'au delà de Bergen. Mais Brune, ayant porté de ce côté sa réserve et quelques bataillons tirés de sa droite, reprit Bergen, enveloppa la division russe et en fit la moitié prisonnière avec le général. Au centre, le duc d'York, après avoir délogé Dumonceau de Warmenhuizen et l'avoir rejeté derrière le canal d'Alkmaar, dut appuyer à droite sur Schoorl et Bergen pour soutenir la division Hermann en pleine déroute ; mais tous ses efforts pour reprendre Bergen furent repoussés, et, vivement attaqué par Vandamme et Dumonceau, il fut rejeté au delà du Zyp. Pendant ce temps, la colonne du prince d'Orange avait refoulé Daëndels sur Saint-Pankrace sans pouvoir pousser au delà : l'échec du centre et de la droite l'obligea bientôt à un mouvement rétrograde qui lui causa des pertes sensibles. Quant au général Abercromby, il était resté complètement inutile du côté de Hoorn.

Cette journée, où 25 000 hommes (2) en avaient repoussé 40 000 grâce aux mauvaises dispositions du duc d'York, nous coûtait environ 3 200 hommes ; l'ennemi en perdait 4 500 avec 7 drapeaux et 26 pièces. Brune profita du répit que lui procurait sa victoire pour se fortifier dans sa position en avant d'Alkmaar et pour faire tendre toutes les inondations.

Alkmaar. — Le 1ᵉʳ octobre, ayant reçu de nouveaux renforts, York se décida à renouveler son attaque, toujours sur quatre colonnes, en portant cette fois tout son effort sur notre gauche. La première colonne (Abercromby, 9 000 hommes) dut s'avancer en longeant la mer sur Egmond-aan-Zee pour nous tourner ;

---

(1) Napoléon (*Corresp.*, XXX, 280) a donné un récit un peu différent de l'engagement.
(2) Brune avait reçu 6 000 Français et 3 000 Hollandais.

la deuxième (division russe Essen, 8300 hommes) dut marcher sur Bergen ; la troisième (Dundas, 6000 hommes) dut soutenir la précédente et la relier à la quatrième ; celle-ci (Pulteney, 7000 hommes) dut s'étendre jusque vers Hoorn et immobiliser notre droite.

L'attaque eut lieu le 2 octobre au matin. L'armée gallo-batave, refoulée sur la position de Bergen-Saint-Pankrace, ne put en être délogée ; mais, la colonne d'Abercromby s'étant emparé d'Egmond-aan-Zee malgré l'énergique résistance de Vandamme et débordant notre gauche, Brune évacua dans la nuit ses positions et se replia entre Castricum et Purmerende, avec son quartier général à Beverwick. Cette journée coûtait à chaque parti environ 3000 hommes. York prit position entre Hoorn et Egmond-aan-Zee.

Castricum. — Le succès obtenu par l'armée anglo-russe étant loin d'être décisif, le duc reprit l'offensive le 6 octobre, en portant encore son principal effort sur notre gauche, les inondations rendant notre droite inabordable. Les villages de Bakkum et de Limmen furent enlevés et le général Essen s'avança sur Castricum. Mais Brune, rejoint par les divisions Boudet et Gouvion et disposant de 28 à 30000 hommes, rallia les troupes de Vandamme. Boudet et Dumonceau entre Castricum et Uitgeest, et arrêta, après un combat opiniâtre, la marche du centre et de la droite ennemis. A 3 heures il prit lui-même l'offensive, réoccupa Castricum dont Essen s'était emparé et le rejeta sur Limmen. Le général Abercromby, contenu en avant d'Egmond-aan-Zee par la division Gouvion, essaya vainement de venir renforcer le centre et de déboucher sur Castricum. Après une lutte longtemps indécise qui se prolongea jusqu'au soir, une charge heureuse de la cavalerie batave rejeta définitivement l'ennemi sur Bakkum. Quant à la gauche anglaise, elle n'avait rien pu tenter contre la division Daëndels. — Nous avions perdu 2000 hommes et les Anglo-Russes 4000.

Complètement démoralisé par ce nouvel insuccès, réduit à 24000 combattants et convaincu de l'impossibilité de conquérir la Hollande, York battit en retraite le lendemain sur son ancienne position du Zyp ; le 13 octobre l'armée française avait repris tout le terrain perdu. Toutefois, Brune jugea inutile d'attaquer les formidables retranchements construits sur les digues et laissa l'armée ennemie se consumer d'elle-même. Le 15, York lui envoya un parlementaire et le 18 un armistice fut conclu à Alkmaar, par lequel l'Angleterre s'engageait à évacuer le territoire batave avant le 30 novembre et restituait 8 000 prisonniers détenus sur ses pontons. Mais elle gardait la flotte hollandaise et avait eu soin de ruiner tous les établissements des ports occupés par elle.

L'armée gallo-batave, comme l'armée d'Helvétie, avait bien mérité de la patrie (1).

CONCLUSION

Au milieu de l'année, la campagne de 1799 s'annonçait comme un désastre. La belle manœuvre de Masséna et les succès de Brune avaient permis de la terminer plus heureusement qu'on ne pouvait s'y attendre. En somme, nos frontières étaient indemnes et nous n'avions perdu que nos conquêtes d'Italie. Les fautes des gouvernements alliés, leur plan de guerre mal équilibré, l'immense dispersion de leurs forces en une quantité de fractions mal soutenues et mal reliées avaient grandement contribué à nos succès. Le Conseil aulique était particulièrement responsable des revers éprouvés par la coalition pour avoir été le promoteur du second plan d'opérations, qui avait disloqué, en présence même de l'ennemi, la répartition des forces alliées. Bonne en elle-même (2), l'idée de ne former que quatre armées en Italie, en Suisse, en Allemagne et en Hollande et de réunir dans chacune les troupes d'une même nation n'était exécutable qu'au début ou à la fin de la campagne. Au milieu des opérations, sa réalisation était dangereuse ; elle fut en outre maladroite. Si les généraux

(1) Napoléon, *Corresp.*, XXX, 298.
(2) *Ibid.*, XXX, 289.

russes et autrichiens avaient fait chacun leur devoir de soldat, les mouvements avaient manqué de la cohésion et de l'ensemble qu'une direction unique et supérieure aurait pu seule leur imprimer. C'est ainsi que l'archiduc Charles avait évacué prématurément la Suisse, que Souwaroff avait débouché tardivement du Saint-Gothard et que Masséna avait pu les prendre en flagrant délit de manœuvre. Soit rivalité entre l'archiduc et Souwaroff, soit antipathie nationale entre les deux armées (1), sur aucun théâtre les opérations n'avaient été menées avec la décision et la vigueur que la grande supériorité numérique des alliés pouvait permettre. L'archiduc Charles avait tâtonné devant Jourdan, Hotze et Bellegarde devant Masséna et Lecourbe, York devant Brune; quant à Souwaroff, à part l'activité et la décision, ses opérations en Italie n'avaient guère fourni la preuve d'une grande science des vrais principes de l'art de la guerre, aussi bien en tactique qu'en stratégie.

L'incurie du gouvernement français, uniquement préoccupé des embarras de sa politique intérieure (2), avait contribué pour sa large part à nos revers en Italie et sur le Rhin. Le dénûment de nos troupes était effrayant. Sans vêtements, sans chaussures, sans vivres, les soldats de l'armée d'Italie, la plus malheureuse de toutes, désertaient en foule à la fin de la campagne pour regagner la frontière (3), et les généraux, dans toutes nos armées, avaient autant à lutter pour vaincre l'ennemi que pour maintenir la discipline. — Aussi bien au début des opérations que lors de la reprise du mois d'août, les plans élaborés à Paris « avaient été contre toutes les règles de l'art de la guerre (4) ». Au début, la défensive s'imposait en Allemagne où l'on ne pouvait obtenir la supériorité numérique,

---

(1) Voir Soult, *Mémoires*, II, 94.

(2) Bernadotte avait cependant fait preuve de bon vouloir et d'activité. Vandal, *Avènement de Bonaparte*, I, 97.

(3) Voir Roguet, II, 191 et 555 sqq.

(4) Napoléon, *Corresp.*, XXX, 289. « La guerre, ajoute-t-il, étant un métier *d'exécution*, toutes les combinaisons compliquées doivent en être écartées. *La simplicité est la première condition de toutes les bonnes manœuvres;* il vaut mieux faire trois ou quatre marches de plus et réunir ses colonnes en arrière et loin de l'ennemi, que d'opérer leur réunion en sa présence. »

l'offensive s'imposait en Italie où on l'avait, à condition de ne rien détacher en Valteline et de rappeler l'armée de Naples dont le sort devait se jouer sur l'Adige (1). Plus tard, si l'on avait réuni les armées de Suisse et d'Allemagne, on n'avait pas su réunir les armées des Alpes, d'Italie et de Naples, et le défaut d'accord de leurs opérations avait été la cause principale de nos revers sur ce théâtre (2). A ces erreurs du plan d'ensemble s'étaient ajoutées les fautes de détail des agents d'exécution, les maladresses de Jourdan à Stokach, celles beaucoup plus graves de Schérer à Magnano, le faux mouvement de Moreau sur Coni (3), ses atermoiements pour rejoindre Macdonald, la folle entreprise de ce dernier pour percer sur Plaisance, l'offensive prématurée de Joubert, les efforts disséminés de Championnet, qui « n'avait pas fait un mouvement qui ne fût contraire à l'art de la guerre (4) ». Seuls Brune avait opéré « sagement » et Masséna avec un art profond et sûr. Mais si l'un avait sauvé la Hollande, l'autre la Suisse et la ligne du Rhin, toutes nos conquêtes d'Italie étaient perdues et l'armée des Alpes était ruinée.

Dans cet état de choses, on s'explique difficilement qu'après le 18 brumaire Bonaparte, en arrivant au pouvoir, ait persisté dans la résolution de défendre la Ligurie jusqu'à la dernière extrémité. En ramenant l'armée d'Italie en deçà des Alpes pour prendre ses quartiers d'hiver, on pouvait, semble-t-il, la reconstituer et la faire déboucher l'année suivante en Piémont avant que l'armée autrichienne, forcée elle-même de s'étendre, fût en mesure de s'y opposer. Championnet et Saint-Cyr avaient

(1) Napoléon, XXX, 260 et 261.
(2) Ibid., XXX, 289.
(3) Il faut toutefois admirer la fermeté et la prudence que Moreau mit dans la retraite après Cassano. Voir Gachot, p. 295 sqq., et l'éloge de l'archiduc Charles cité par lui, p. 296, en note.
(4) Napoléon, XXX, 302. — « Lorsqu'une armée a éprouvé des défaites, écrit à ce propos l'empereur, la manière de réunir ses détachements ou ses secours et de prendre l'offensive *est l'opération la plus délicate de la guerre*, celle qui exige le plus, de la part du général, la profonde connaissance des principes de l'art; c'est alors surtout que leur violation entraîne une défaite et produit une catastrophe. » En lisant ce passage, on songe involontairement à la campagne de 1813 et aux opérations qui ont précédé Leipzig.

déjà proposé ce plan au Directoire (1); le Premier Consul le rejeta.

Quoi qu'il en fût, si Bonaparte n'avait pu conjurer les revers de la dernière campagne, il s'occupait déjà activement d'y porter remède, et bientôt, comme Monnier l'avait prédit à ses troupes, les armes françaises, mieux dirigées, allaient reconquérir l'Italie abandonnée.

---

(1) Voir GOUVION-SAINT-CYR, IV, et SOULT, II, 349. — Roguet le qualifie de « funeste » (II, 216). Cf. GACHOT, p. 416.

www.ingramcontent.com/pod-product-compliance
Lightning Source LLC
Chambersburg PA
CBHW070531100426
42743CB00010B/2033